다이아몬드가 품은 세계사

- 세계사에 가장 큰 영향을 준 보석 -

저자 이윤섭

도서
출판 **현대**

차 례

머리말

1장 다이아몬드의 이모저모
- 다이아몬드의 생성과 물질적 특성 _ 8
- 보석용 다이아몬드와 공업용 다이아몬드 _ 11
- 인조 다이아몬드와 모조 다이아몬드 _ 15
- 다이아몬드 산업의 역사 _ 18
- 드 비어스의 다이아몬드 독점 _ 25

2장 다이아몬드와 프랑스 혁명
- 오스트리아 왕위 계승 전쟁 _ 36
- 7년 전쟁 _ 45
- 오스트리아 출신 왕비 _ 57
- 늘어나는 재정적자 _ 67
- 다이아몬드 목걸이 사건 _ 70
- 바스티유 습격 _ 94
- 민중에 의한 강제 천도 _ 109
- 튈르리 궁 습격 _ 115
- 루이 16세 처형 _ 132
- 마리 앙투아네트 처형 _ 147
- 공포 정치의 몰락 _ 161

3장 프랑스 왕실 다이아몬드의 운명

- 프랑스의 푸른 색, 호프 다이아몬드 _ 168
- 호프 다이아몬드의 행방 _ 170
- 호프 다이아몬드의 저주 _ 183
- 상시 다이아몬드 _ 193
- 리전트 다이아몬드 _ 204
- 피렌체 다이아몬드 _ 211

4장 코히 누르, 전설의 다이아몬드

- 코히 누르의 탄생 _ 222
- 페르시아로 간 코히 누르 _ 225
- 인도로 돌아온 코히 누르 _ 227
- 영국 왕실 소유가 된 코히 누르 _ 230

5장 남아프리카 공화국과 다이아몬드

- 케이프 식민지 _ 236
- 다이아몬드 러시 _ 238
- 줄루 전쟁 _ 240
- 보어 전쟁 _ 242
- 남아프리카 연합에서 남아프리카 공화국으로 _ 247

머릿말

다이아몬드는 현대인에게 다양한 이미지로 떠오른다. 호사스러움의 상징, '영원한 사랑'의 징표, 인간을 탐욕에 물들여 파멸시키는 몹쓸 보석 등이다. 지리상의 발견 이후 부를 축적한 유럽의 왕실, 귀족, 대상인들에 얽힌 여러 다이아몬드 이야기가 이러한 이미지를 주었다.

마르크스주의자들은 계급투쟁이 역사 발전의 원동력이라 하지만 인간의 욕망이야말로 역사 전개의 원동력이다. 인간의 욕망을 잘 드러내는 다이아몬드는 인간의 역사에도 상당한 영향을 미쳤다. 다이아몬드는 본래 인도와 중동, 유럽 등 세계의 일부 지역에서만 보석으로 인정받았었다. 그러나 자본주의의 발달에 따라 세계적인 보석이 되었다. 이는 19세기 후반 남아프리카에서 대형 다이아몬드 광산이 개발되어 산출량이 늘어나고 이를 판매하기 위해 독점기업 드 비어스가 일반 대중을 상대로 한 마케팅에 성공했기 때문이다.

다이아몬드는 복잡다단한 인간 사회의 한 단면을 보여준다. 이 책은 다이아몬드가 역사에 미친 영향을 중심으로 이모저모를 다루었다.
1장에서는 다이아몬드라는 물질에 대한 설명과 다이아몬드 시장의 형성을 다루었다. 다이아몬드는 산업자본주의가 키운 매우 자본주의적인 보석임을 보여준다.

 2장에서는 프랑스 혁명에 다이아몬드라는 보석이 준 영향을 묘사했다. 프랑스 왕실의 위신과 신망을 땅에 떨어뜨린 다이아몬드 목걸이 사건이 있었는데, 이것이 프랑스 혁명의 원인이라고 본 당대 사람이 많을 정도로 다이아몬드가 프랑스 혁명에 미친 영향은 크다.

 3장에서는 프랑스 왕실 소유의 다이아몬드와 유럽 역사와의 인연을 다루었고 4장에서는 다이아몬드를 매개로 인도 역사를 서술했다.

 5장에서는 다이아몬드와 불가분인 남아프리카 공화국의 역사를 다루었다. 남아프리카 공화국은 어찌 보면 다이아몬드 산업이 세운 국가라 할 수 있을 정도로 다이아몬드에 영향을 받았다.

_ 1장 _
다이아몬드의 이모저모

- 다이아몬드의 생성과 물질적 특성
- 보석용 다이아몬드와 공업용 다이아몬드
- 인조 다이아몬드와 모조 다이아몬드
- 다이아몬드 산업의 역사
- 드 비어스의 다이아몬드 독점

💎 다이아몬드의 생성과 물질적 특성

다이아몬드는 지하 140~190km의 맨틀 지대에서 탄소를 함유한 광물질이 고온(900~1300℃)과 고압(45~60 kilobar, 1킬로바는 1제곱 인치에 6,525kg의 압력이 가해지는 것)을 받아 10~33억년 정도 걸려 형성된다. 탄소를 다이아몬드로 변화시키기에 알맞은 온도와 압력이 유지되는 지층을 '다이아몬드 안정화 지대'라 부른다. 이렇게 깊은 땅 속에서 생성된 다이아몬드가 지표 가까이 올라오려면 화산 폭발이 있어야 한다.

화산 폭발은 다이아몬드 안정화 지대보다 훨씬 아래쪽에서 시작된다. 화산 폭발로 마그마는 지층을 뚫고 올라오면서 길목에 있는 모든 것을 삼킨다. 지층 속의 온갖 물질이 뒤섞인 마그마가 지표로 나오면 이에 따라 다이아몬드는 지표면에 가까워지고 냉각되어 화성암의 일종인 킴벌라이트(kimberlite)나 램프로이트(lamproite)가 된다. 또한 운석이 지표에 충돌할 때도 탄소를 함유한 광물이 고온과 고압을 받아 다이아몬드가 생성되기도 한다.

1772년 프랑스 화학자 라부아지에(Antoine-Laurent Lavoisier, 1743~1794)는 렌즈로 햇빛을 다이아몬드에 쏘아 표면을 태워 다이아몬드가 탄소 화합물임을 입증했다. 25년 후인 1797년 영국의 화학자 스미슨 테넌트(Smithson Tennant)는 다이아몬드와 흑연을 태우면 동일한 양의 기체가 나오는 것을 측정하여 두 물질이 화학적으로 같은 것임을 보여주었다. 과학의 발달로 다이아몬드와 흑연이 탄소 동소체(同素體 : 같은 원소로 이루어진 물질)임이 밝혀졌다. 즉 다이아몬드와 흑연은 같은 물질로 이루어졌으나 분자 구조가 달라 성질이 아주 다른 물질이 되었다.

다이아몬드는 그 이름이 고대 그리스 어휘 '아다마스(αδάμας, adamas)'에서 유래되었다. 아다마스는 "순수한", "변화하지 않는", "깨질 수 없는" 등의 뜻이 있다. 가장 단단한 물질이라는 특성에서 다이아몬드란 명칭이 나온 것이다.

경도(硬度, hardness)는 긁히지 않는 성질로 정의된다. 모스 경도계(Mohs scale of mineral hardness)는 독일의 지질학자이자 광물학자인 프리드리히 모스(Friedrich Mohs, 1773 ~ 1839)가 1812년 고안한 경도의 표준으로 1~10으로 분류한다. 1은 활석(滑石, talc), 2는 석고(石膏, gypsum), 3은 방해석(方解石, calcite), 4는 형석(螢石, fluorite), 5는 인회석(燐灰石, apatite), 6은 정장석(正長石, orthoclase feldspar), 7은 석영(石英, quartz), 8은 황옥(黃玉, topaz), 9는 강옥(鋼玉, corundum), 10은 다이아몬드이다.

모스 경도의 수치는 절대적인 수치가 아니라 상대적인 수치이다. 활석이 1이고 금강석이 10이므로 금강석의 경도가 활석의 10배라는 말은 아니다. 경도가 1인 활석과 2인 석고를 비교하면 석고가 2배 딱딱하나, 활석과 다이아몬드를 비교하면 1600배 차이가 난다. 특히 강옥과 금강석의 절대 경도 수치가 차이가 크다. 강옥은 강철처럼 단단한 옥이라는 뜻인데 화학명은 산화알루미늄(Aluminum oxide)이다. 순수 강옥은 투명한데, 다른 불순물이 혼입되어 진홍색이 나면 루비(ruby), 푸른색 등 다른 색이 나면 사파이어(sapphire)이다.

다음은 위 10가지 광물들의 절대 경도 수치이다.

- 활　석 (1)
- 석　고 (2)
- 방해석 (9)
- 형　석 (21)
- 인회석 (48)
- 정장석 (72)
- 석　영 (100)
- 황　옥 (200)
- 강　옥 (400)
- 금강석 (1600)

불순물이 들어있지 않는 다이아몬드의 경도가 더 높다. 불순물이 함유되어 덜 단단한 다이아몬드는 질화붕소(boron nitride) 등의 물질에 긁힐 수 있다. 가장 단단한 다이아몬드는 다른 다이아몬드로만 긁힐 수 있다. 다이아몬드의 보석으로서의 가치가 높은 이유 중 하나가 이 성질 때문이다. 긁히지 않으므로 다이아몬드 반지는 광택이 계속 유지되고 평상시에도 끼고 다닐 수 있다.

그러나 다이아몬드의 강도(強度, strength)는 경도에 비해 낮은 편이기에 망치로 내려치면 깨진다. 반면 훨씬 경도가 낮은 방해석은 망치로 내려치면 쪼개지지만 깨지지는 않는다. 다이아몬드는 내열성도 낮은 편이라 섭씨 760~875도 사이에서 완전 연소되어 이산화탄소가 된다.

다이아몬드는 전기가 통하지 않는 절연체이지만, 일부 블루 다이아몬드(blue diamond)는 천연 반도체이다. 블루 다이아몬드가 푸른색을 띠고 전기가 통하는 이유는 붕소 불순물이 들어 있기 때문이다.

다이아몬드는 화학 반응을 잘 일으키지 않는다. 상온에서 다이아몬드는 산과 염기를 포함해서 어떠한 화학 시약에도 반응하지 않는다. 다이아몬드 표면은 몇몇 산화제를 1,000°C 가까운 고온에서 써야만 산화된다. 그러므로 산과 염기는 인조 다이아몬드를 정련하는데 쓰일 수 있다.

💎 보석용 다이아몬드와 공업용 다이아몬드

다이아몬드의 가장 중요한 용도는 보석인데 이는 빛의 산란율이 높아 찬란하게 빛나는 그 속성 때문이다. 흔히 '4개의 C'라 불리는 캐럿(carat), 컷(cut), 컬러(color), 투명성(clarity)이 다이아몬드를 평가하는 기준이다. 다이아몬드의 크기를 나타내는 단위인 캐럿은 0.2g이다. 다이아몬드가 5캐럿이면 보기 힘든 대형 다이아몬드이지만, 그 무게는 1g에 지나지 않는다. 흠집 없는 100캐럿 이상의 초대형 다이아몬드는 파라곤(Paragon)이라 불린다.

채굴된 다이아몬드 원석은 대개 8면체이다. 이를 보석으로 만들려면 세공을 해야 한다. 역사상 처음으로 다이아몬드를 세공한 시기는 알 수는 없다. 유럽에서 본격적으로 세공 기술이 발달했다. 르네상스 시대인 15세기 중반 이탈리아 도시 국가 베네치아와 밀라노에서 테이블 컷(Table Cut)이 개발되었다. 이는 다이아몬드의 가장 위쪽 표면을 평평히 하는 것이다. 베네치아와 밀라노의 장인들은 유럽 왕실을 위해 테이블 컷을 개발했다. 그러나 이 방식은 광채가 좋지 않았다.

다이아몬드 세공인들은 광채를 위해 다이아몬드 원석의 크기를 희생시키게 된다. 최대한 많은 빛이 투과되게 하여 그 빛이 여러 개 광선으로 다시 흩뿌려지도록 작은 면을 자르고 연마하는 기술을 개발했다. 16세기 중반 앤트워프(Antwerp)에서 막 피어난 장미 봉오리를 연상시키는 면이 12개인 로즈 컷이 나오고 17세기 중반에는 마자랭 컷(Mazarin Cut)이 개발되었다. 마자랭 컷은 면이 위쪽에 17, 아래쪽에도 17개로 연마하는 방식이다. 루이 14세가 어릴 때 실질적 섭정이었던 마자랭 추기경은 미술품과 다이아몬드를 수집하였는데, 그가 이 새로운 다이아몬드 컷을 선호하여 이런 명칭이 붙여졌다.

18세기에는 페루지 컷이 나오고 18세기 말에는 올드 마인 컷이 나왔다. 1919년 57개의 면을 가지면서 최대의 광채를 발하는 라운드 브릴리언트 컷(round brilliant cut)이 나왔다. 이는 수학자이자 엔지니어인 마르셀 톨코프스키(Marcel Tolkowsky, 1899~1991)가 개발한 기법이다. 폴란드의 다이아몬드 세공인 집안에서 태어난 톨코프스키는 수학적 계산을 통해 라운드 브릴리언트 컷을 창안했다. 라운드 브릴리언트 컷으로 1캐럿 다이아몬드를 만들려면 보통 2.5 캐럿의 다이아몬드 원석이 필요하다. 라운드 브릴리언트 컷은 미국에서는 표준이 되어 아메리칸 스탠더드(American Standard), 즉 '미국식 표준'이라 불리기도 한다. 이 컷이 보급되면서 다이아몬드 수요도 세계적으로 증가했다.

불순물이 함유되지 않은 다이아몬드는 가시광선을 통과시키므로 무색이다. 유색 다이아몬드는 격자 결함이나 불순물이 들어 있어 색채를 띤다. 다이아몬드의 결정격자는 아주 강하여 질소, 붕소, 수소 원자만이 다이아몬드가 생성되는 과정에 침투할 수 있다.

보석용 다이아몬드에 함유된 불순물은 대개 질소인데, 이 경우 다이아몬드는 황색을 띠거나 갈색을 띤다. 다이아몬드에 방사선을 쪼이면 녹색을 띠게 된다. 소성(塑性) 변형을 하게 되면 다이아몬드는 핑크색이나 붉은 색을 띠기도 한다. 다이아몬드 색깔은 황색, 갈색, 무색, 푸른 색, 녹색, 검은색, 핑크, 오렌지색, 자주색, 붉은 색 순으로 나중으로 갈수록 드물다.

희소한 유색 다이아몬드는 수집가들의 열정 때문에 무색 다이아몬드의 10배 이상이 되는 아주 높은 가격으로 팔린다. 1984년 크리스티 경매장에서 42.92 캐럿의 짙은 푸른색 다이아몬드는 1,100만 스위스 프랑에 팔렸다. 당시 환율로 800만 달러가 넘는 금액이었다. 1987년에는 뉴욕의 크리스티 경매장에서 1캐럿이 채 안 되는 붉은색 다이아몬드가 그 희귀성 때문에 88만 달러에 팔렸다. 2008년 35.56 캐럿의 비텔스바하 다이아몬드(Wittelsbach Diamond)는 크리스티 경매에서 2천 4백만 달러에 팔렸다. 2009년 12월 홍콩에서 팔린 5 캐럿의 핑크색 다이아몬드는 1,080만 달러에 팔렸는데 이는 캐럿 당 최고 가격이었다(1 캐럿에 216만 달러).

갈색 다이아몬드도 상당히 많이 채굴되는데, 보석으로 가치가 없다고 여겨져 최근까지는 거의 대부분 공업용으로 쓰였다. 그러나 1986년 호주 아르길 다이아몬드 광산이 개발됨에 따라 갈색 다이아몬드를 보석으로 하는 마케팅이 시작되었고 이제는 보석으로 평가받고 있다. 아르길 광산은 한때 매년 3천 5백만 캐럿(7톤)을 채굴하여 세계 천연 다이아몬드 채굴량의 3분의 1을 차지했는데, 그중 80%가 갈색이었다.

보석용 다이아몬드는 다른 귀금속에 비해 판매 이윤율이 매우 높다. 그리고 중고 시장 등 재판매 시장이 발달했다.

다이아몬드는 그 단단함과 뛰어난 열전도성으로 공업용으로도 쓰인다. 연간 채굴되는 다이아몬드 원석 1억 3천 5백만 캐럿(27톤) 가운데 20%만 보석용으로 가공되고 나머지 80%는 공업용으로 쓰인다.

광산에서 채굴된 천연 다이아몬드 이외에 인조(합성) 다이아몬드도 공업용으로 쓰인다. 1950년대에 처음 인조 다이아몬드가 생산되었을 때는 100% 공업용으로 쓰였다. 2010년 기준으로 인조 다이아몬드 생산량은 연간 5억 7천만 캐럿(114톤)이다. 이 가운데 2%가 보석으로 가공되고, 98%가 공업용으로 쓰인다.

다이아몬드는 높은 경도로 인해 오랫동안 절삭 도구와 연마 도구로 이용되었다. 인조 다이아몬드 생산이 늘어남에 따라 앞으로 공업용 다이아몬드의 용도는 늘어날 전망이다. 다이아몬드는 열전도성이 아주 높으므로(구리의 5배) 전자제품의 탈열제(脫熱劑, heat sink)로 적당하다.

💎 인조 다이아몬드와 모조 다이아몬드

인조(합성) 다이아몬드는 땅 속에서 채굴되는 천연 다이아몬드가 아닌 실험실에서 만들어지는 다이아몬드이다. 인조 다이아몬드는 처음에는 공업용으로만 쓰였지만 최근에는 보석용 인조 다이아몬드 생산이 가능해졌다.

보석용 인조 다이아몬드는 천연 다이아몬드와 구별이 거의 불가능하다. 인조 다이아몬드의 색깔은 대개 노란색이며 고압고온 가공법(High Pressure High Temperature process)로 생산된다. 노란색은 질소 불순물 때문에 생긴다. 인조 다이아몬드를 만들 때 붕소를 넣거나 방사선을 쪼이면 푸른색, 녹색, 핑크색 등을 띠게 할 수 있다. 인조 다이아몬드 제조법은 고압고온 가공법 이외에 화학 증착법(化學蒸着法, chemical vapor deposition)이 있다.

무색의 천연 다이아몬드 원석 채굴 비용은 1캐럿 당 40~60 달러 정도이다. 반면에 보석용 무색 인조 다이아몬드 생산 비용은 1캐럿 당 2,500 달러나 된다. 천연 다이아몬드 원석의 가공 비용을 감안하더라도 인조 다이아몬드 생산 비용이 천연 다이아몬드보다 훨씬 비싸다. 그런데 붉은 색, 푸른 색, 녹색, 갈색 등 팬시 칼라 다이아몬드는 대부분이 인조 다이아몬드이다. 천연 다이아몬드 가운데 팬시 칼라로 인정받는 비율은 0.01%에 불과하지만 인조 다이아몬드는 거의 100% 팬시 칼라 판정을 받기 때문이다.

모조 다이아몬드는 진짜 다이아몬드는 아니지만 다이아몬드처럼 보이고 그 물리적 성질도 다이아몬드와 비슷한 물질을 말하는데, 큐빅 지르코니아(cubic zirconia, CZ)가 대표적이다.

이 합성 물질은 딱딱하고 눈으로 보아 흠결이 없고, 대개 색깔이 없다. 그러나 다양한 색깔로 합성이 가능하다. 싼 가격에 내구성이 뛰어나고, 다이아몬드와 비슷한 외관을 지닌 큐빅 지르코니아는 다이아몬드 대용으로 널리 쓰이고 있다.

큐빅 지르코니아 합성법은 20세기 초부터 개발되었는데, 소련 과학자 오시코가 주도하여 모스크바의 레베데프 물리 연구소가 1970년대 초 획기적인 합성법을 완성했다. 이 연구는 1973년 출판 공개되어 1976년 처음 상업적으로 큐빅 지르코니아가 제조되었다. 1977년부터 보석 시장에서 대량으로 거래되었는데 1980년의 전 세계 큐빅 지르코니아 생산량은 5천만 캐럿(10톤)에 이르렀다.

최근에는 큐빅 지르코니아를 다이아몬드 탄소막으로 코팅하여 강도가 높아지고 더 빛이 나게 만들어 더욱 다이아몬드와 유사해졌다. 그리고 큐빅 지르코니아에 금을 얇게 입히면 무지개 색채가 난다. 다이아몬드는 열전도성이 높은 반면 큐빅 지르코니아는 열전도가 거의 되지 않으므로 이것으로 구분한다.

인조 보석인 모이사나이트(moissanite) 역시 모조 다이아몬드로 취급되기도 한다.

광물의 일종인 모이사나이트는 프랑스 화학자 앙리 므와상(Henri Moissan, 1852~1907)이 1893년 미국 애리조나 주 디아볼로 계곡(Canyon Diablo)에 있는 운석 크레이터의 바위 샘플을 조사하다가 발견했다. 므와상은 처음에는 이 결정체를 다이아몬드로 알았으나 1904년에 탄화규소(silicon carbide)로 판정했다. 므와상은 1906년 노벨 화학상을 받았는데, 이 광물은 그의 이름을 따서 모이사나이트라 명명되었다(프랑스어 발음으로는 므와사니트).

모이사나이트는 1950년대에 이르기까지는 운석에서만 나왔으나 1959년 동시베리아 야쿠티아에 있는 다이아몬드 광산에서 나온 킴벌라이트에 함유된 것이 발견되었다. 이로서 지구의 자연 속에서도 모이사나이트가 존재한다는 것이 알려졌다. 자연 상태에서의 모이사나이트는 매우 희귀하다.

모이사나이트를 처음으로 실험실에서 합성한 이는 실리콘을 발견한 베르젤리우스(Jöns Jacob Berzelius)이다. 수년 후 애치슨(Edward Goodrich Acheson)은 연마재와 절삭재로 다이아몬드를 대체하여 연마재와 절삭재로 쓰일 수 있는 모이사나이트를 만들었다. 모이사나이트의 경도는 다이아몬드 바로 다음이며 루비와 사파이어를 능가한다. 천연 모이사나이트는 너무나 희귀하므로 상업적으로 유통되는 모이사나이트는 전부 실험실에서 만든 인조 모이사나이트이다.

연마재와 절삭재로 쓰이던 모이사나이트가 보석으로 통용되기 시작한 때는 1998년이다. 모조 다이아몬드로 취급받고 있으나 다이아몬드보다 더 아름다운 빛을 낸다. 모이사나이트가 웬만한 보석 못지않은 고가이기는 하나 다이아몬드보다는 훨씬 싸므로 다이아몬드 대용품으로 인기가 높다. 열전도성도 다이아몬드와 비슷한 모이사나이트를 다이아몬드로 속여 파는 사기가 빈번이 일어났다. 그러나 전기 전도성은 다이아몬드와 상당히 차이가 나므로 전기 전도성을 검사하면 다이아몬드인지 모이사나이트인지 구분할 수 있다. 대부분의 선진국에서 모이사나이트를 보석용으로 쓰는 것은 특허권의 제한을 받는다. 그러나 이 특허권은 미국에서는 2015년에, 다른 선진국에서는 2016년 소멸되었다. 그러므로 앞으로는 보석용 모이나사이트의 양산이 가능해질 것으로 예상된다.

◇ 다이아몬드 산업의 역사

인도인들이 인도 남부의 페너(Penner) 강에 있는 다이아몬드 충적층에서 처음으로 광물로서 다이아몬드를 채굴했는데 그 시기는 BC 4천년 경 늦어도 BC 1천년 무렵이었다. 고대 인도에서는 다이아몬드를 종교적 아이콘으로 사용하였으므로 보석으로 소중이 여겼다. 고대 산스크리트 문헌이나 불경에도 다이아몬드가 언급된다.

다이아몬드는 일찍이 국제 교역의 물품이 되었으므로 여러 문화권에 알려졌다. 인도는 기원전부터 해로를 통해 로마, 이집트, 아라비아 반도의 여러 부족 등과 교역했는데, 이집트와의 교역량이 가장 컸다. 로마가 이집트를 지배하게 됨에 따라 인도와 로마의 무역이 크게 늘어 로마 제국의 초대 황제인 옥타비아누스 치세에는(B.C. 27 ~ A.D. 14) 해마다 120척의 로마 상선이 홍해를 통과해 인도로 갔다.

로마인들은 다이아몬드에 초자연적인 힘이 있다고 믿어 다이아몬드를 높이 평가했다. 로마 제국의 박물학자 대(大) 플리니우스(Gaius Plinius Secundus, AD 23 ~ AD 79)는 일종의 백과사전인 그의 저서 《자연사(Naturalis Historia)》에서 아다마스(adamas, 다이아몬드)는 독약을 해독하고 쓸데없는 걱정을 없앤다고 썼다. 그리고 장식용으로 쓰이고 단단한 성질 때문에 조각에 쓰이기도 한다고 했다. 그러나 라틴어에서 아다마스는 다이아몬드 뿐 아니라 강옥이나 첨정석(尖晶石, spinel)도 지칭하므로 플리니우스가 말한 아다마스가 다이아몬드만 뜻한다고 단정할 수는 없다.

로마에서는 가짜 다이아몬드 제조법을 실은 책자가 범람했는데, 디오클레티아누스 황제(재위 284~305)는 이런 책자들을 태워 없애라고 명령했다.

다이아몬드는 인도에서 중국으로도 수출되었는데 중국에서는 금강석(金剛石)이라 했다. 중국에서는 금강석을 보석으로 쓰지 않고 전통적인 보석인 옥을 연마하는 데 썼다.

역사적으로 보아, 다이아몬드는 남인도의 페너 강 충적층과 중부의 크리슈나 강 삼각주 지역에서만 채굴되었다. 인도는 18세기 중반까지 다이아몬드를 생산하는 거의 유일한 국가였다. A.D. 700년에 보르네오 섬에서도 다이아몬드 광산이 발견되어 동남아시아 상인들의 교역품이 되었다.

지중해 무역의 발달로 14세기 이탈리아의 여러 도시 국가에서 르네상스가 시작되었다. 중세 이탈리아인들은 다이아몬드를 "화해의 돌(Pietra della Reconciliazione)"이라 부르며 부부간의 화합을 유지시켜준다고 했다. 다이아몬드는 약혼반지나 결혼반지에 쓰여야 한다고 권장되었다. 피렌체의 메디치 가, 스트로치 가 등의 수집품에는 다이아몬드 등 보석도 많았다. 이에 따라 보석 세공술도 발달하였는데, 15세기에는 현재 벨기에 북부의 항구 도시인 앤트워프(Antwerp, 당시 합스부르크 왕가의 영토)가 유럽 다이아몬드 산업의 중심지로 부상했다. 포르투갈이 아덴 만(Gulf of Aden), 인도의 고아(Goa) 등지에 무역 거점을 마련하여 인도의 다이아몬드 원석을 앤트워프로 보냈다. 앤트워프는 다이아몬드 세공인과 상인의 도시가 되었다. 가짜 보석도 널리 거래되자 1447년 앤트워프 시 당국은 이를 금지하는 법령을 제정했다.

> 누구든지 다이아몬드, 그리고 루비나 에메랄드, 또는 사파이어 등의 모조품을 사고 팔아서는 안 되며 그것을 저당물로 하거나 양도할 수 없다.
> 이를 어기면 25 두카(duca)의 벌금을 내어야 한다. 벌금은 1/3씩 군주와 시 당국, 그리고 신고자에게 귀속된다.

앤트워프는 16세기에는 다이아몬드 산업에 더하여 제당업으로도 번성하여 유럽에서 가장 부유한 도시가 되었다. 유럽의 부유한 상인(주로 유대인)들이 몰려들어 국제도시의 면모를 띠었다.

　유럽이 높이 평가하는 보석인 다이아몬드, 루비, 사파이어, 에메랄드 등은 유럽에서 채굴되지 않는다. 그러므로 유럽인의 광물로서의 보석에 대한 지식은 아주 보잘 것 없었다. 고대 그리스 철학자 플라톤은 보석이 별에서 일어나는 발효 작용의 산물이라 보았다. 그리고 다이아몬드는 금을 품고 있는 덩어리의 핵심이라 했다. 17세기의 아일랜드 화학자 로버트 보일(Robert Boyle)은 다이아몬드를 포함하여 모든 보석은 깨끗하고 투명한 물로부터 형성된다고 주장했다. 당시 과학자들은 물을 계속 증류하면 고체가 된다고 믿었다.

　17세기 프랑스의 보석상 장 바티스트 타베르니에(Jean-Baptiste Tavernier, 1605~1689)에 의해 다이아몬드도 금이나 은처럼 땅 속에서 채굴한다는 것이 알려졌다. 타베르니에는 1630~1668년 사이 페르시아와 인도를 여섯 번 여행했는데, 이때 희귀한 보석을 입수해 프랑스 궁중에 팔았다. 그는 무갈 제국의 보물을 직접 보았고, 1675년 출간된 저서 『장 바티스트 타베르니에의 6차례 항해』를 통해 인도에서 다이아몬드가 어떻게 채굴되는지 세상에 알렸다. 이 책 2권은 제목이 인도여행인데 다이아몬드 광산의 작업을 소개한 부분은 다음과 같다.

　　내가 콜루르(Kollur) 광산에 처음 갔을 때 그곳에서 일하는 사람은 약 6만 명이었다.
　　남녀노소 가릴 것 없이 그들은 일을 하고 있었다. 주로 남자들이 삽질을 하고, 여자와 아이들은 흙을 날랐다.

광부들은 작업장소를 확인한 다음 바로 그 근처에서 넓이가 비슷하거나 약간 큰 다른 부지를 평탄하게 만들었다. 그리고 그 주변을 약 2피트 높이의 두꺼운 벽으로 둘러쌓았다. 이들은 벽 밑에 물을 흘려보낼 구멍을 2피트 깊이로 팠다. 이 구멍들은 물이 차오를 때까지 막아 두었다. 이와 같은 준비가 끝나면 일할 사람들이 모두 모여들었다. 그리고 친척이나 친구까지 대동한 일꾼들은 자신들에게 할당된 작업에 매진하였다. 남자들은 10~14피트까지 땅을 파헤치고 여자와 아이들은 내가 앞서 말했듯이 준비해 놓은 곳으로 흙을 날랐다. 하지만 수맥이 발견된 뒤에는 흙을 나르는 수고를 덜 수 있게 되었다. 일꾼들은 물구덩이 안에 있는 물을 퍼내 흙 위에다 쏟아 부었다.

흙의 굳는 정도에 따라 하루든 이틀이든 질척질척해질 때까지 놔둔 뒤 벽의 구멍을 열고 또 한 번 물을 퍼부어 진흙을 씻어 내렸다. 그리고 남은 모래를 햇볕에 말렸다. …… 이렇게 키질한 모래흙을 써레질하듯 펼쳐서 될 수 있는 한 편편하게 만든 다음 일꾼들은 아래쪽 폭이 반 피트 정도 되는 절굿공이 용 나무토막을 가지고 이 흙 위에 모두 달려들었다. 이 끝에서 저 끝으로 가며 계속 이 흙덩어리를 두세 번 씩 두드려 가며 다지다가 다시 바구니에 담아 처음에 했던 것처럼 키질을 하고 또 다시 흙을 펼쳐 놓았다. 그리고 그 흙 속에서 다이아몬드를 찾았다.

  18세기 초인 1725년 처음으로 포르투갈 식민지인 브라질에서 다이아몬드가 발견되었다. 브라질의 다이아몬드 생산량은

18세기 후반에 인도를 제쳤다. 반면에 인도는 다이아몬드 광산의 고갈로 생산량이 크게 줄었다.

1869년 남아프리카의 오렌지 강(Orange River) 인근의 야산 콜레스베르그 코프예(Colesberg Kopje)에서 어느 목동이 83 캐럿이나 되는 다이아몬드를 발견했다. 이로 인해 다이아몬드 러시가 일어나 야산이 다 깎여 평지가 되었다. 이곳이 바로 킴벌리 광산(Kimberley Mine)이다.

1870년대 이후 새로운 광산의 발견으로 다이아몬드 채굴량은 계속 늘어났다. 1870년대 이후 현재까지 누적 채굴량은 45억 캐럿(900톤)에 이른다. 이 가운데 20%에 해당하는 9억 캐럿이 최근 5년간(2009~2013) 채굴되었다. 최근 10년 간 9개의 새로운 다이아몬드 광산이 다이아몬드를 산출하기 시작했다.

2010년 현재 다이아몬드 원석의 연간 채굴량은 1억 3천 5백만 캐럿(27톤)이다. 중앙아프리카와 아프리카 남부에서 그 중 49%가 채굴된다. 이외에 캐나다, 인도, 러시아, 브라질, 오스트레일리아도 주요 산출국이다. 이중 러시아의 다이아몬드 광산은 시베리아 동부에 있는 사하 공화국(Sakha Republic)에 집중되어 있다. 2005년 러시아는 전 세계 다이아몬드 채굴량의 약 20%를 차지했다.

몇몇 대형 광산이 전체 다이아몬드 원석 산출에서 상당한 비중을 차지한다. 보츠와나의 즈와넹(Jwaneng) 광산은 매년 1천 2백만 캐럿(2.5톤)에서 1천 5백만 캐럿(3톤)의 다이아몬드 원석을 채굴한다.

다이아몬드 세공과 거래는 전 세계 몇 군데 장소에서만 행해진다.
　전통적으로 다이아몬드 세공 중심지는 앤트워프, 암스테르담, 텔아비브, 요하네스버그, 뉴욕이었다. 앤트워프의 다이아몬드 지구(Diamond District)에는 1만 2천이 넘는 세공사들이 380개 작업장에서 일하고 있다. 그러나 최근에는 중국, 인도, 태국, 나미비아, 보츠와나에도 다이아몬드 세공 센터가 생겼다. 임금이 낮은 이들 나라의 세공 센터는 작은 캐럿의 다이아몬드 원석을 가공하고 유럽이나 북미의 세공 센터는 좀 더 크거나 더 값나가는 원석을 가공한다. 현재 다이아몬드 원석의 92%가 인도에서 세공되는데 특히 수라트(Surat)에서 그 대부분이 세공된다. 저임금을 강점으로 하는 인도의 다이아몬드 세공 산업이 성장함에 따라 작은 캐럿의 다이아몬드 원석이 이전보다 더 많이 보석으로 세공되고 있다.
　국제보석 연구소(International Gemological Institute)가 있는 벨기에 북부의 항구 도시 앤트워프는 전 세계 다이아몬드 교역의 중심지이다. 다이아몬드 원석의 85%, 보석용으로 세공된 다이아몬드의 50%, 공업용 다이아몬드의 40%가 앤트워프에서 도매로 거래된다. 그러니까 앤트워프는 "다이아몬드의 세계수도"인 셈이다. 앤트워프에는 다이아몬드와 관계된 회사가 1,500개 있다.
　전 세계에서 소매로 팔리는 다이아몬드의 80%가 거래되는 뉴욕이 또 다른 다이아몬드 거래 중심지이다. 이외에 런던, 텔아비브, 암스테르담에서도 다이아몬드 교역이 많이 이루어진다. 2002년 시장에 나온 다이아몬드 원석의 가치는 90억 달러

이고, 세공된 다이아몬드는 140억 달러, 도매로 거래된 보석용 다이아몬드는 280억 달러, 소매로 소비자에게 팔린 다이아몬드는 570억 달러였다.

♦ 드 비어스의 다이아몬드 독점

세계 제일의 다이아몬드 기업 드 비어스의 창시자 세실 로즈(Cecil John Rhodes, 1853~1902)는 1853년 영국 국교회 목사 프란시스 로즈(Francis William Rhodes)의 5남으로 태어났다. 병약하고 천식을 앓는 세실 로즈는 1869년 학교를 그만두고 집에서 독학을 했다. 세실의 부친은 아들의 건강을 위해 기후가 온화한 외국으로 보내 요양하게 할 생각이었는데, 마침 세실 로즈의 형 허버트 로즈(Herbert Rhodes)는 남아프리카의 영국 식민지인 나탈 식민지(Colony of Natal)에 목화 플랜테이션을 세워놓았다. 1870년 9월 1일 세실은 영국 나탈 식민지의 나탈 항(Port Natal)에 도착했다. 나탈 항은 현재의 더번(Durban)이다. 이때 남아프리카에서는 다이아몬드 러시가 한창이었다.

요양하러 온 세실 로즈는 다이아몬드 사업의 장래성을 알고 사업을 시작했다. 세실 로즈의 첫 사업은 몰려드는 다이아몬드 채굴업자들에게 물 펌프를 임대하는 것이었다. 세실 로즈는 번 돈으로 군소 채굴업자들의 클레임(claim, 불하 청구지)을 사들여 독자적으로 광산회사를 설립했다.

세실 로즈는 품질 좋은 다이아몬드가 계속 채굴되어 시중에 풀리면 결국 다이아몬드의 가격이 떨어질 것을 잘 알고 있었다. 로즈는 다이아몬드 생산을 통제하여 가격을 안정적으로 유지하려 했다. 그는 로스차일드 가문의 금융지원을 받아 군소 다이아몬드 광산회사를 계속 합병해 나가고 다이아몬드가 매장되어 있을 것으로 예상되는 땅도 부지런히 사들였다.

1872년 세실 로즈는 찰스 러드(Charles Dunell Rudd, 1844~1916)와 친구가 되어 그를 사업 파트너로 받아들였다. 이후 세실 로즈는 1881년까지 대학 교육을 받으러 여러 차례 영국 옥스퍼드로 갔는데 그 동안에는 러드가 사업체를 돌보았다. 대학 교육을 받으며 세실 로즈는 열렬한 제국주의자가 되었다.

1880년 세실 로즈는 케이프 식민지 의회(Cape Parliament)의 의원으로 당선되어 정계에 뛰어들었다. 이 무렵 남아프리카의 다이아몬드 채굴량은 300만 캐럿이 넘어 브라질을 능가했다.

1880년 바니 바나토(Barney Barnato)가 바나토 다이아몬드 광산 회사(Barnato Diamond Mining Company)를 세웠다.

바나토는 1852년 런던에서 헌옷 가게를 운영하는 유대인의 아들로 태어나 유대인 자유학교를 다녔다. 이 학교는 로스차일드 가문의 기부로 세워진 학교였다.

프랑스 희망봉 다이아몬드 광산 회사(Compagnie Française des Mines de Diamants du Cap de Bonne Espérance)는 킴벌리 지역을 양분할 정도로 많은 클레임을 보유했다. 사주는 부유한 프랑스 파리의 다이아몬드 딜러 쥘 포주(Jules Porges)였다. 세실 로즈는 로스차일드 은행의 지원을 받아 이 프랑스 회사를 사려 했다. 이 소문을 들은 바나토는 입찰할 기회를 달라고 요청하는 전보를 포주에게 보냈다. 로즈는 140만 파운드를 제의했는데, 바나토의 입찰 가격은 175만 파운드였다. 로즈는 포주가 결정을 내리기 전에 바나토에게 전보를 쳐서 입찰을 철회하라고 요청했다. 물론 반대급부로 매혹적인 제안을 했다.

로즈는 자신이 입찰한 가격으로 프랑스 희망봉 다이아몬드 광산 회사를 사고, 킴벌리 중앙 다이아몬드 광산 회사 지분의 20%를 가지는 조건으로 170만 파운드를 더해 바나토에게 매각한다는 것이다. 바나토는 며칠 간 숙고한 다음 이 제안을 받아들였다. 한 달 후 로즈는 프랑스 회사를 구입했다.

1888년 세실 로즈가 다이아몬드 생산을 양분하던 바나토 다이아몬드 광산 회사를 400만 파운드(2010년 가치로 20억 파운드에 달한다)에 사들여 드 비어스 연합 광산(De Beers Consolidated Mine)이 탄생했다. 이로서 세실 로즈는 전 세계 다이아몬드 생산량의 90%를 장악하게 되었다. 드 비어스는 다이아몬드 광산이 발견된 농장의 주인 이름에서 나온 것이다. 그러나 농장주인 드 비어스 형제는 채굴권을 팔아 드 비어스 회사와는 아무런 관련이 없었다.

1889년 세실 로즈는 런던에 있는 다이아몬드 신디케이트와 전략적인 협정을 체결했다. 내용은 다이아몬드 신디케이트가 협정 가격에 고정량을 구매한다는 것이었다. 이로써 드 비어스는 생산량과 가격을 통제할 수 있게 되었다. 1891~1892년 사이 다이아몬드 수요가 줄어 다이아몬드 산업이 불황에 빠졌을 때 드 비어스는 공급을 줄여 가격을 유지할 수 있었는데, 이는 이 협정의 유효성을 잘 보여준 일이었다.
 세실 로즈는 다이아몬드 독점이 깨질까 우려했다.
 1896년 그는 이런 말을 했다.

 우리의 유일한 리스크는 새로운 (다이아몬드) 광산이 발견되는 것이다. 인간의 속성으로 볼 때 우리 모두가 손실을 입을 정도로 (새로운 채굴자들은) 무분별하게 채굴할 것이다.

 1899년 2차 보어 전쟁이 일어나자 드 비어스는 위기를 맞았다. 전쟁이 일어나자마자 드 비어스의 주요 다이아몬드 광산이 있는 킴벌리는 포위되었다. 세실 로즈는 킴벌리로 들어갔는데 이는 영국정부에게 다른 더 중요한 전략 목표보다 킴벌리 포위 해제를 더 중시하라는 압력이었다. 세실 로즈는 드 비어스 공장 시설을 이용해 장갑 열차, 야포 등의 장비를 생산하기도 했다.
 2차 보어 전쟁이 끝나기 직전인 1902년 3월 26일 세실 로즈가 사망했다. 평생 독신주의자였던 로즈는 600만 파운드에 달하는 막대한 유산의 대부분을 모교인 옥스퍼드 대학에 기증했다. 이를 바탕으로 로즈 장학금 제도(Rhodes Scholarship)가 생겼다.
 1902년에 토마스 컬리넌(Thomas Cullinan, 1862~1936)이 프리토리아에서 동쪽으로 30km 떨어진 곳에서 프리미어 광산(Premier Mine, 2003년 컬리넌 다이아몬드 광산으로 개명)을 개발하여 드 비어스의 독점에 위협을 주었다. 케이프 식민지의 소도시에서 태어난 컬리넌은 25세 때인 1887년 요하네스버그로 이주했다. 벽돌공으로 일하여 약간의 돈을 모은 다음에 다이아몬드 광산 탐사에 나서 4년 만에 성공했다. 프리미어 광산의 다이아몬드 산출량은 드 비어스의 모든 다이아몬드 광산을 합친 것만큼 되었고, 컬리넌은 드 비어스 카르텔에 들어가기를 거부했다. 컬리넌은 베른하르트(Bernhard)와 오펜하이머(Ernest Oppenheimer, 1880 ~1857) 두 딜러에게 다이아몬드를 팔아 드 비어스의 독점이 약화되었다.

오펜하이머는 독일의 프리드버그(Friedberg) 시에서 유대인 시가(cigar) 상인의 아들로 태어났다. 오펜하이머는 17세인 1897년 런던의 다이아몬드 중개회사인 둥퀠스불러(Dunkelsbuhler & Company)에 입사했다. 능력을 인정받아 1902년 남아프리카로 파견되어 다이아몬드를 구입하는 일을 했다.

프리미어 광산은 1905년 역사상 가장 큰 다이아몬드인 컬리넌 다이아몬드(Cullinan Diamond)가 발견되어 명성이 더욱 올라갔다.

프리미어 광산의 감독관인 프레데릭 웰즈(Frederick Wells)는 1905년 1월 26일 일상 업무인 광산 순시를 하다가 갱도의 벽에서 반사되는 빛을 보았다. 가까이 다가가 보니 바위에 박힌 결정체가 일부 보였다. 웰즈는 처음 유리 조각이라 믿었으나 주머니칼로 벽에서 떼어내 보니 3106.75 캐럿(621.35g)이나 되는 다이아몬드였다. 이 다이아몬드는 프리미어 광산주의 이름을 따서 컬리넌 다이아몬드라 이름 지어졌다. 이 다이아몬드의 발견은 각국 언론의 큰 주목을 받아 세계적인 센세이션을 일으켰다.

웰즈는 3,500파운드를 포상금으로 받았고, 트랜스바알 식민지 정부는 컬리넌 다이아몬드를 15만 파운드(75만 달러)에 구입했다. 1907년 3월 트랜스바알 식민지 정부의 수상이 된 루이스 보타(Louis Botha)는 영국 국왕 에드워드 7세(Edward VII)에게 "트랜스바알 주민의 충성과 애정의 상징"으로 컬리넌 다이아몬드를 기증하자고 제안했다. 이 제안에 식민지 의회에서 찬반 투표가 실시되어 찬성 42표 반대 19표로 가결되었는데, 기이하게도 보어인들은 찬성했고 영국계 의원은 반대했다. 대영 제국의 수상 헨리 캠벨-배너맨(Sir Henry Campbell-Bannerman)은 이를 받아들일지 여부를 국왕에게 맡겼다. 당시 하원의원이던 처칠(Winston Churchill)은 에드워드 7세를 설득하여 수락하도록 했다(컬리넌 다이아몬드의 모조품을 선물로 받은 처칠은 이를 자랑하여 친지들에게 보여주었다).

에드워드 7세 (Edward VII, 재위 1901~1910)

1841년 빅토리아 여왕의 장남으로 태어났다. 어머니가 64년을 통치해 영국 역사상 가장 오랜 기간 태자로 있었다. 태자로 있는 동안 정치에 관여하지 않고 공식 의전행사에 주력했다. 대중적 인기는 높았으나 플레이보이라는 평판이 있어 빅토리아 여왕은 아들을 마뜩치 않아 했다.

1901년 만 60세로 왕위에 올랐다. 영국 해군의 근대화와 육군 개혁에 관심을 두었고 프랑스 등 유럽 여러 나라와의 우호에 힘썼다. 그러나 그의 조카가 되는 독일의 빌헬름 2세와는 사이가 좋지 않았다(빌헬름 2세는 빅토리아 여왕의 외손자이다).

> *1909년 4월 자유당의 애스퀴스(Herbert Henry Asquith, 1852 ~ 1928) 수상의 내각이 이른바 '인민 예산안(People's Budget)'을 제출하자 보수당이 강력 반대하여 헌정 위기가 일어났다. 이 예산안은 부유층에 중과세하여 빈곤층의 복지에 쓴다는 것이었다. 1909년 11월 인민예산안은 영국 하원(House of Commons)을 통과했으나 보수당이 장악한 상원에서 부결되었다. 이는 전례 없는 일이었다. 이때 영국에서는 상원과 하원이 대립할 때 이를 해결할 수 있는 법적 장치가 없었다. 헌정 위기를 막으려 에드워드 7세는 비공개적으로 상원에 예산안을 받아들일 것을 요청했었다. 결국 1910년 1월 총선이 실시되었는데 상원의 거부권 철폐가 쟁점이었다. 선거 결과는 자유당이 과반수를 얻지 못해 제3당인 아일랜드 민족당의 지원으로 내각을 구성했다.*
>
> *이 와중에 기관지염이 급격히 나빠진 에드워드 7세는 유럽을 방문하다가 프랑스의 비아리츠(Biarritz)에서 쓰러졌다. 에드워드 7세는 엄청난 애연가로 하루에 여송연 12개와 궐련 20개비를 피웠다. 4월 27일 영국으로 돌아왔으나 5월 6일 사망했다.*
>
> *그의 사후 1911년 의회법(Parliament Act 1911)이 제정되어 영국 상원(House of Lords)의 권한이 크게 약화되었다.*

1908년 독일 식민지인 사우스 웨스트 아프리카(South West Africa, 오늘날의 나미비아)에서 다이아몬드가 발견되자 오펜하이머는 공급이 늘어나 다이아몬드 가격이 하락할 것을 매우 우려했다. 그는 드 비어스가 번창하게 만든 원칙을 잘 알았다. 오펜하이머는 1910년 다음과 같이 말했다.

> 다이아몬드의 가치를 올리는 유일한 방법은 희소하게 만드는 것, 즉 생산을 줄이는 것임을 상식이 있는 사람은 안다.

1차 세계대전 기간에 드 비어스는 프리미어 광산을 흡수했다. 1917년 오펜하이머는 미국의 금융 재벌 모건(J. P. Morgan)과 손을 잡고 금광회사인 앵글로 아메리칸 회사(Anglo American Corporation, AAC)를 세웠다. 1919년에는 사우스 웨스트 아프리카의 다이아몬드 광산을 구입하여 이듬해에 사우스 웨스트 아프리카 연합광산회사(Consolidated Diamond Mines of South West Africa Ltd., CDM)를 설립했다. 1926년 AAC는 드 비어스의 대주주가 되고 오펜하이머는 이사가 되었는데 1929년에는 드 비어스의 사장이 되었다.

사장이 된 오펜하이머는 드 비어스의 독점을 공고히 했다. 드 비어스의 자회사로 다이아몬드 거래 회사(DTC, Diamond Trading Company)를 조직해 드 비어스가 운영하는 광산에서 채굴된 원석을 거래했다. 이어 다이아몬드 유통 회사인 중앙판매기구(Central Selling Organization)를 설립하여 세계 다이아몬드 교역의 대부분을 지배하는 데 성공했다.

지난 100년간 드 비어스는 다이아몬드 수요를 늘리려 노력했는데 대성공을 거두었다. 다이아몬드를 보석으로 여기는 전통이 없는 나라에서도 새로이 다이아몬드 시장을 형성시켰다.

다이아몬드가 귀중한 상품으로 이미지가 형성된 것에는 마케팅이 큰 역할을 했다. 1938년 오펜하이머는 필라델피아의 유서 깊은 광고회사 에이어 앤드 선(N. W. Ayer & Son)에 미국 시장 마케팅을 맡겼다. 에이어 앤드 선의 마케팅 전략은 다이아몬드를 사랑과 헌신의 상징으로 만드는 것이었다. 이 광고회사는 미국 다이아몬드 시장을 부활시키는데 성공했다.

1947년 에이어 앤드 선의 카피라이터 프랜시즈 게러티(Frances Gerety)는 "다이아몬드는 영원하다(A diamond is forever)"라는 광고표어를 고안했다. 이는 20세기 광고 카피 가운데 가장 뛰어난 것으로 평가받고 있다.

20세기 내내 드 비어스는 세계 다이아몬드 원석의 80% 정도를 생산하고 유통 과정도 독점했다. 드 비어스의 다이아몬드 독점은 모든 산업을 놓고 보아도 드문 경우였는데 이는 크게 두 가지 요인에 기인한 것이었다.

첫째는 남아프리카 공화국에 다이아몬드 매장량이 많았고 일찍이 다이아몬드 광산을 개발한 것에 비해 타 지역에서 다이아몬드 광산 개발이 이루어지 않았기 때문이다.

둘째 가장 매장량이 많은 러시아가 소련 시절 다이아몬드를 자본주의의 탐욕을 상징하는 물품으로 보아 광산 개발을 하지 않았고(대신 소련은 공업용 인조 다이아몬드 생산에는 많은 노력을 기울였다) 보츠와나, 콩고, 앙골라 등 다이아몬드 매장량이 많은 아프리카 국가가 복잡한 국내 사정으로 채굴을 거의 하지 않았기 때문이다.

그러나 1990년대에 냉전이 끝난 후 러시아는 다이아몬드 채굴량을 엄청 늘렸고 드 비어스의 절반 가격에 국제시장에 내놓았다. 드 비어스는 다이아몬드 가격 하락을 막기 위해 애썼으나 포기할 수밖에 없었다.

  그리고 보츠와나, 콩고, 앙골라가 본격적으로 다이아몬드 광산 개발과 채굴에 들어갔고 캐나다, 오스트레일리아, 브라질이 생산량을 늘려 드 비어스의 생산 점유율은 크게 떨어질 수밖에 없었다. 2001~2009년 사이에는 약 45%로, 2013에는 약 38%로 드 비어스의 점유율이 떨어졌다.

  드 비어스에 위협적인 다이아몬드 채굴 회사는 알로사(Alrosa), BHP 빌리턴(BHP Billiton), 리오 틴토 그룹(Rio Tinto Group), 페트라 다이아몬드(Petra Diamonds Ltd) 등이다.

  알로사는 러시아 최대의 다이아몬드 회사로 전 세계 다이아몬드 생산량의 27%를 차지한다. BHP 빌리턴은 세계제일의 다국적 광산 회사로 2001년 오스트리아 브로큰 힐 유한회사(Australian Broken Hill Proprietary Company Limited, BHP)와 영국-네덜란드 빌리턴(Anglo-Dutch Billiton plc)이 합병하여 생겼다. 리오 틴토 그룹은 1873년 창립한 다국적 금속 광산 기업으로 아르길(Argyle, 지분율 100%), 디아빅(Diavik 지분율 60%), 무로와(Murowa 지분율 78%) 광산을 소유하고 있다. 페트라 다이아몬드도 아프리카의 주요 다이아몬드 광산을 여럿 소유하고 있다.

  생산에서뿐 아니라 유통에서도 드 비어스의 독점은 약화되었다. 2000년 러시아, 캐나다, 오스트레일리아는 드 비어스 카르텔 밖에서 다이아몬드를 공급하기로 결정했다. 이에 따라 드 비어스의 시장 점유율은 1980년대의 90%에서 2012년에는 40% 이하로 떨어졌다. 반대로 다이아몬드 시장은 더 투명성이 커졌다.

_ 2장 _
다이아몬드와 프랑스 혁명

- 오스트리아 왕위 계승 전쟁
- 7년 전쟁
- 오스트리아 출신 왕비
- 늘어나는 재정적자
- 다이아몬드 목걸이 사건
- 바스티유 습격
- 민중에 의한 강제 천도
- 튈르리 궁 습격
- 루이 16세 처형
- 마리 앙투아네트 처형
- 공포 정치의 몰락

프랑스 혁명의 원인은 여러 가지이지만 혁명 이전 왕실의 존엄이 크게 떨어진 것도 주요한 사유였다. 이는 루이 16세의 왕비 마리 앙투아네트에 대한 평판이 매우 나빴던 것과 깊은 관련이 있다. 프랑스와 오랜 적수였던 오스트리아 출신인 마리 앙투아네트는 처음부터 오스트리아에 뿌리 깊은 적개심을 가지고 있던 프랑스 민중에 미움을 받기 쉬운 존재였다. 프랑스와 오스트리아의 동맹을 굳건히 하려는 목적으로 프랑스에 시집온 마리 앙투아네트는 처음에는 환영받았지만 시간이 갈수록 증오와 저주의 대상이 되었다.

왕비에 대한 그 많고 많은 추문은 거의 다 중상모략이거나 터무니없이 과장된 것이었지만 민중은 모두 사실로 받아들였다. 그 추문 가운데 대표적인 것이 다이아몬드 목걸이 사건이다. 마리 앙투아네트는 이 사건과 하등 관련이 없었지만 지하 언론의 거짓 선전으로 사건의 장본인이 되고 말았다. 이 사건으로 왕실의 존엄은 땅에 떨어지고 왕정에 대한 증오가 거세졌다.

◇ 오스트리아 왕위 계승 전쟁

합스부르크 가문 출신의 신성로마제국 황제 카를 6세는 자식이 없어 큰 고민이었다(그는 1708년 결혼했다). 아이를 낳더라도 그의 형 요제프 1세처럼 딸만 낳을 수도 있었다. 이때 여자는 신성로마제국 황제가 될 수 없었다. 게다가 합스부르크 왕가의 영토 대부분은 살리카 법에 의해 남자만 상속할 수 있도록 되어 있었다. 당시 유럽에서 왕위 계승은 프랑크족의 전통법인 살리카 법을 따르고 있었는데, 이 법의 한 조항인 '여성은 토지를 상속 받을 수 없다'를 아들만이 왕위와 영토를 상속한다고 해석하였다.

잘못하다가는 합스부르크 가문이 줄곧 차지해온 신성로마 제국 황제 자리와 그 광대한 영역이 친인척에게 분할되어 넘어갈 것이었다. 카를 6세는 자신이 죽은 뒤 합스부르크가의 영토가 분할되는 것을 원치 않았다. 그래서 그는 1713년 4월 여자도 상속할 수 있다는 내용의 국본조서(國本詔書, Pragmatische Sanktion)를 발표하고 합스부르크가의 영토는 분할할 수 없다고 선언했다.

1714년 영국 스튜어트(Stuart) 왕조의 마지막 군주 앤(Anne) 여왕이 세상을 떠났다. 앤 여왕은 덴마크의 게오르그 왕자와 결혼하여 자녀를 다섯 낳았으나 모두 유아기에 사망해 생존한 자식은 없었다. 1701년 제정된 왕위 계승법(Act of Settlement)에 따라 카톨릭 교도는 영국의 왕이 될 수 없었다. 이에 따라 개신교도로 앤 여왕과 5촌이 되는 하노버 선제후(Elector of Hanover) 게오르그 루트비히(Georg Ludwig)가 새로이 영국 국왕이 되었다. 그가 조지 1세(George Ⅰ, 재위 1714 ~ 1727)이다. 게오르그 루트비히는 영어로는 조지 루이스(George Louis)가 된다.

영어를 모르는 조지 1세 치하에서 영국의 정치 체제는 내각제가 되어갔다. 하노버 선제후가 영국의 왕이 됨에 따라 유럽의 정세는 더욱 복잡해지게 되었다(하노버 공국은 1692년 9번째로 신성로마제국 황제를 선출하는 선제후국의 하나가 되었다).

1715년 9월 1일 태양왕(le Roi-Soleil)이라 불리던 프랑스 국왕 루이 14세(Louis XIV, 재위 1643~715)가 향년 77세로 세상을 떠났다. 그의 통치 기간은 72년하고도 110일로 유럽 역사에서 가장 길었다. 루이 14세에게는 아들과 손자가 여럿 있었으나 모두 먼저 죽어 왕위를 계승할 자손은 증손자인 앙주 공작(duc d'Anjou) 루이뿐이 없었다. 손자인 앙주 공작 필립은 1700년 스페인 국왕으로 즉위했고 위트레히트 조약으로 프랑스 왕위 계승권이 없었다. 앙주 공작 루이가 불과 5세의 나이로 프랑스 국왕이 되니 그가 루이 15세(Louis XV, 재위 1715~1774)이다. 루이 15세가 어려 루이 14세의 조카인 오를레앙 공작 필립 2세(Philippe II, duc d'Orléans, 1764~1723)가 섭정이 되었다.

신성로마제국 황제 카를 6세는 1716년 아들을 보았으나 한 살이 되기 전에 죽고 1717년 딸을 얻으니 그가 마리아 테레지아(Maria Theresia)이다. 이듬해에는 둘째 딸 마리아 안나(Maria Anna)가 태어났다.

카를 6세는 국본조서를 발표한 후 20년 간 모든 외교적 수단을 이용하여 마리아 테레지아의 오스트리아 · 보헤미아 · 모라비아 · 헝가리 · 크로아티아 · 파르마 등 유럽 곳곳에 퍼져있는 합스부르크 왕가 세습령의 상속을 여타 국가와 제후로부터 인정받으려고 했다. 여러 이권을 양보함으로써 스페인, 영국, 프로이센 등 유럽 주요 나라의 승인을 받는데 성공했다. 그러나 바이에른 선제후와 작센 선제후는 인정하지 않았다. 카를 6세의 형인 요제프 1세의 두 딸이 각각 바이에른 공국과 작센 공국의 군주와 결혼해서 상속권을 주장할 수 있었기 때문이었다.

여성이 제위에 오를 수 없는 신성로마제국 황제 자리에는 마리아 테레지아의 남편이 오르는 것으로 결정했다. 미래의 로트링겐(로렌) 공작(Herzog von Lothringen und Bar)인 프란츠 슈테판(Franz Stephan)이 카를 6세의 사위 후보가 되었다. 프란츠 슈테판은 로트링겐(로렌) 공작 레오폴트의 아들로 부계 쪽으로 합스부르크 왕가의 피를 물려받았다. 그의 할머니인 엘레노어(Eleonor)는 신성로마제국 황제 페르디난트 3세(Ferdinand III, 재위 1637~1657)의 딸이었다. 페르디난트 3세는 카를 6세의 조부이다. 프란츠 슈테판은 모계로는 프랑스 부르봉 왕실의 피를 물려받았다. 그의 모친 엘리자베스 샤를롯 도를레앙(Élisabeth Charlotte d'Orléans)은 루이 13세의 손녀로, 루이 14세의 질녀이기도 했다. 또한 루이 15세의 섭정이었던 오를레앙 공작 필립 2세가 그녀의 오빠이다.

1723년 카를 6세는 15세의 프란츠 슈테판을 미래의 사위로 입양을 했다. 프란츠 슈테판은 당시 유럽에서 가장 미남자로 알려져 있었는데, 마리아 테레지아는 비인으로 온 프란츠 슈테판과 열렬한 연애를 하였다. 마리아 테레지아 또한 전 유럽에서 가장 뛰어난 미모를 가진 공주로 널리 알려져 사람들로부터 인기가 많았다. 프란츠 슈테판은 밝고 친화력이 있는 성격으로 카를 6세도 마음에 들어 했다. 그는 1729년 부친인 로트링겐 공작 레오폴트가 세상을 떠나자 공작 작위를 계승하러 로렌 공국으로 돌아갔다. 홀로 남은 마리아 테레지아는 그를 몹시 그리워했는데, 비인 주재 영국대사는 이런 말을 했다.

그녀는 로렌의 공작을 생각하며 밤새 한숨을 쉬며 그리워한다. 그녀가 잠을 자는 것은 그에 대한 꿈을 꾸기 위해서일 뿐이다. 그녀가 깨어나는 것은 시녀에게 그에 관한 이야기를 하기 위해서이다.

마리아 테레지아와 프란츠 슈테판은 1736년 2월 12일 결혼식을 올렸다. 마리아 테레지아는 19세, 프란츠 슈테판은 28세였다. 이제 마리아 테레지아가 낳을 아이들의 성씨는 합스부르크(Habsburg)가 아닌 합스부르크-로트링겐(Habsburg-Lothringen)이 될 것이었다.

그러나 이듬 해 프란츠 슈테판은 로렌 공작 작위를 포기해야 했다. 프랑스의 루이 15세는 그의 장인이 되는 스타니스와프 레슈칭스키(Stanisław Leszczyński)를 폴란드 왕위 계승전쟁(1733~1738)에서 지지했는데 패배해 퇴위할 가능성이 높아지자 그 대가로 카를 6세에게 로렌 지방을 스타니스와프에게 양도하라고 요구했다. 30년 전쟁(1618~1648)으로 독일 문화권에 속하는 알자스(Alsace) 지방을 획득한 프랑스는 이어 로렌 공국을 합병하려 여러 차례 침략하고 점령했었다. 마리아 테레지아와 프란츠 슈테판의 결혼으로 로렌이 합스부르크 령이 될 터인데 이는 프랑스의 안보에는 중대한 위협이었다. 루이 15세는 대신에 마리아 테레지아가 합스부르크 령을 상속받는 것을 승인하겠다고 했다. 카를 6세는 폴란드 왕위 계승전쟁에서 러시아와 더불어 작센 선제후 프리드리히 아우구스트 2세(Friedrich August II)를 폴란드 왕으로 지원했다. 로렌 공작 가문은 로렌을 700년 가까이 통치했다. 프란츠 슈테판이 로렌을 포기하는 것은 매우 고통스러운 일이었으나 카를 6세의 설득을 받아들여 로렌을 포기했다. 스타니스와프는 자신이 죽으면 로렌이 프랑스 영토가 된다는 조건으로 로렌을 받았다(1766년 스타니스와프가 사망하여 독일 문화권에 속하는 로렌은 프랑스의 한 지방이 되었다). 1738년 비인 평화조약이 체결되어 폴란드 왕위계승전쟁이 종결되었는데 이 조약에서 프랑스는 카를 6세의 국본조서를 인정했다. 작센 공국도 국본조서를 인정했다.

1740년 10월 20일 카를 6세가 세상을 떠났다. 그는 국고를 충실히 하고 군을 키우기보다는 외국 군주의 약속을 얻어 후계 문제를 해결하려 했는데 그 서약이 의미가 없다는 것이 곧 드러난다. 그가 사망했을 때 국고는 비어 있었고 군대는 8만에 불과했으며 봉급도 몇 개월 밀린 상태였다.

첫 아이를 임신 중이던 마리아 테레지아는 아버지의 뒤를 이어 헝가리, 크로아티아, 보헤미아의 여왕 그리고 오스트리아 여대공과 파르마의 여공작이 되었다. 그러나 프로이센과 바이에른은 그녀의 상속권에 이의를 제기했다. 바이에른 공국의 군주 카를 알브레히트(Karl Albrecht)는 프란츠 슈테판의 신성로마제국 황제 계승에 반대하며 자신의 계승권을 주장했다. 즉위한지 몇 개월 되지 않는 프로이센의 프리드리히 2세(Friedrich II, 재위 1740년 5월 ~ 1786년 8월)가 1740년 12월 슐레지엔의 계승권을 주장하면서 선전포고도 없이 합스부르크 령에서 상공업이 가장 발달한 슐레지엔 지방을 공격했다. 잘 훈련된 프로이센의 군대 8만은 한 순간에 슐레지엔을 점령했다. 이로서 220만이던 프로이센의 인구가 2배로 늘었다.

1741년 4월 오스트리아군은 슐레지엔의 몰비츠(Mollwitz)에서 프리드리히 2세가 직접 지휘하는 프로이센군에 패했다. 프리드리히 2세는 6월에는 프랑스와 브레슬라우 조약(Treaty of Breslau)을 체결하여 동맹국으로 끌어들였다. 프랑스가 맹약을 위반할 줄 예상 못했던 오스트리아는 공황 상태가 되었다. 프랑스군은 8월 라인 강을 건너 합스부르크 가의 기반인 오스트리아 수도 비인으로 진격했다.

그러나 마리아 테레지아는 굴복하지 않고 1741년 9월 자신이 다스리는 헝가리의 의회에 생후 6개월 된 아들 요제프(Joseph Benedikt Anton Michael Adam)를 안고 나타나 눈물로 지지를 호소했다. 헝가리 의회는 마리아 테레지아가 요구한 대로 징병령을 통과시켜 헝가리 군을 동원했다. 마리아 테레지아는 프랑스와 적대적이던 영국과도 손을 잡아 전세를 역전시켰다. 프랑스가 승리할 경우 프랑스의 국력이 지나치게 커질 것을 우려한 영국 국왕 조지 2세(George II)는 오스트리아를 지지하여 참전하기로 결정했다. 1743년 6월 오스트리아와 영국, 하노버 선제후국 연합군은 마인(Main) 강변의 데팅겐(Dettingen)에서 프랑스 군을 격파했다. 조지 2세는 이 전투에 친히 참전하여 영국군을 지휘했다. 조지 2세는 전투에 몸소 참전한 마지막 영국 국왕이다.

조지 2세(George II, 재위 1727 ~ 1760)

1683년 당시 하노버 선제후인 게오르그 루트비히의 장남으로 하노버에서 태어났다. 모친은 소피아 도로테아(Sophia Dorothea)이다. 세례명은 게오르그 아우구스트(Georg August)로, 영어로는 조지 아우구스투스(George Augustus)이다. 1694년 게오르그 루트비히는 부정을 저질렀다는 이유로 소피아 도로테아와 이혼하고 엘덴 성(Scloss Ahlden)에 유폐시키고 자식들과 만나지 못하도록 했다. 이로 인해 게오르그 아우구스트는 어린 시절부터 아버지에게 반감을 가지게 되었다. 1714년 아버지가 영국 왕위를 계승하여 조지 1세가 되자 그는 태자가 되었다. 1717년이 되자 부자 사이의 불화는 공공연한 것이 되었다. 그의 집은 월폴(Robert Walpole), 타운젠트(Charles Townshend) 등이 주요 인물인 반정부적인 휘그당의 주요 회합장소였다.

조지 1세의 뒤를 이어 1727년 10월 영국왕이 되어 월폴, 윌리엄 피트(William Pitt The Elder) 등에게 국정을 맡겼는데, 그의 치세 동안에 영국에 내각제가 확고히 자리 잡았다. 오스트리아 왕위계승 전쟁 때에는 스스로 군사를 이끌고 출정하기도 했다.

그는 독일어, 영어 외에도 프랑스어, 이태리어를 유창하게 했으며, 역사에 관심이 많았다. 또한 음악에도 관심이 많아 오페라를 좋아했으며 독일 출신의 음악가 헨델(Georg Friedrich Hndel)의 최대 후원자이기도 하였다.

 1743년 헨델의 오라토리오《메시아》가 런던 왕립극장에서 초연되었을 때, 할렐루야의 합창 부분에서 조지 2세가 감격해 일어서

> 자 나머지 관객들도 기립했고 이후로 메시아가 공연될 때에는 같은 부분에서 청중이 기립하는 것이 관례가 되었다는 일화가 있다. 그러나 이는 입증할 수 없는 설이다.

러시아의 여황제 엘리자베타(Elizaveta Petrovna, 재위 1741~1762)는 1746년 오스트리아 편을 들어 참전했다. 3만의 러시아 군이 라인강으로 진격했다.

마리아 테레지아는 오랜 전쟁으로 지친 유럽 각국의 이권문제와 국가 간의 적대적인 관계 등을 고려한 모든 외교적 수단을 이용하여 1748년 10월 엑스라샤펠(아헨) 조약(Treaty of Aix-la-Chapelle, Treaty of Aachen)을 체결하였다. 이로서 프란츠 슈테판은 신성로마제국 황제로 인정받았고 마리아 테레지아는 신성로마제국 황제의 황후이면서 합스부르크 가문 영토의 소유권을 그대로 물려받아 오스트리아의 여대공, 헝가리와 크로아티아의 여왕 겸 보헤미아의 여왕임을 인정받았다. 프로이센은 이 조약으로 슐레지엔 획득을 인정받는 성과를 거두어 유럽 강대국 반열에 올랐다. 스페인도 이탈리아 북부의 합스부르크 령인 파르마 공국을 얻었다.

오스트리아 왕위계승전쟁은 사실상 유럽의 모든 나라가 개입한 전쟁이었다. 합스부르크 가문의 친인척으로 상속권을 가진 나라는 나라대로, 상속권이 없어도 합스부르크가의 변화가 유럽의 세력판도에 미칠 영향에 민감한 나라는 나라대로 이 전쟁에 어떤 식으로든 관련되었다.

💎 7년 전쟁

아헨 조약으로 슐레지엔을 잃은 마리아 테레지아는 어떻게 해서든 수복하려 했다. 마리아 테레지아는 사석에서 프리드리히 2세를 '사악한 짐승' 또는 '괴물'로 부르며 증오심을 드러냈다. 1749년 모든 대신들의 의견을 물었는데, 대다수가 해양 강국인 영국과 네덜란드와의 동맹 관계를 유지해야한다는 입장이었다. 신성로마제국 황제인 남편 프란츠 1세(프란츠 슈테판)도 이에 찬성했다. 카우니츠(Kaunitz) 백작이 프랑스와의 동맹을 주장하자 모두가 귀를 의심했다. 합스부르크가와 프랑스는 16세기 이래 200년이 넘도록 적대 관계였기 때문이었다. 그러나 마리아 테레지아는 카우니츠 백작의 주장을 경청했다. 1750년 프랑스 주재 오스트리아 대사로 임명된 카우니츠 백작은 오스트리아-프랑스 동맹의 기초를 닦았다. 루이 15세의 태자인 루이 페르디낭(Louis Ferdinand)과 작센 공국 출신의 태자비 마리아 요제파(Maria Josepha) 그리고 대다수 프랑스 귀족들은 오스트리아를 혐오했다. 그러나 루이 15세의 애인으로 국정을 같이 논의하는 퐁파두르 부인(Madame de Pompadour)은 오스트리아와의 동맹을 찬성했다. 1753년 카우니츠 백작은 오스트리아의 외무대신이 되었다.

　프랑스 국왕 루이 15세는 1755년이 되어서야 오스트리아의 동맹 제안에 관심을 갖기 시작했다. 영국과 프로이센은 1756년 1월 웨스트민스터 협약(Westminster Convention)을 맺었다. 내용은 슐레지엔을 둘러싸고 오스트리아와 프로이센 사이에 전쟁이 나도 영국은 오스트리아를 돕지 않겠다는 것이었다. 영국은 오스트리아 왕위 계승 전쟁에서 전통적인 적수인 프랑스를 견제하려 오스트리아와 동맹을 맺었지만 아헨 조약 체결 이후 오스트리아의 국력으로는 프랑스를 견제할 수 없다고 보았다. 이에 신흥 강국으로 떠오르는 프로이센을 후원해 프랑스를 견제하려 한 것이다.

　프로이센이 프랑스의 적국인 영국과 협약하자 루이 15세는 분개하여 오스트리아와의 동맹에 적극적이 되었다. 1756년 5월 1일 베르사유(Versailles)에서 오스트리아와 프랑스 사이에 동맹조약이 체결되었다. 유럽을 놀라게 한 이 동맹은 '외교 혁명'이라 불리기도 했다. 동맹조약에는 오스트리아가 슐레지엔을 수복할 경우 오스트리아는 합스부르크 령 네덜란드(현재의 벨기에와 룩셈부르크)을 프랑스에 양도한다는 조항이 들어 있었다.

베르사유(Versailles)와 베르사유 궁성(Château de Versailles)

베르사유는 파리의 노트르담 성당에서 남서쪽으로 16.8km 지점에 위치한 도시로 17세기 말~18세기에 지어진 부르봉 왕조의 호화스러운 궁전과 정원으로 유명하다. 본래 작은 마을이었으나 수렵을 즐기는 루이 13세가 1623년 수렵장으로 만들고 작은 성을 지었다. 루이 14세는 1673년 오래된 촌락인 베르사유를 허물고 새로운 도시로 건설하기로 결정했다. 베르사유 궁성은 루이 14세가 1664년 건축가 르보(Le Vau), 실내장식가 르브룅(Le Brun), 정원예술가 르노트르(Le Ntre) 등을 초빙하여 50년이라는 긴 세월과 어마어마한 비용을 들여 지었다. 1682년 루이 14세는 베르사유 궁성이 아직 완성되지 않았지만 왕궁과 정부 청사를 파리에서 베르사유로 옮겼다. 이후 베르사유는 비공식 수도로서 프랑스 정치·문화·사교의 중심이 되었다.

베르사유 궁성의 정원은 전형적인 프랑스 정원으로, 기하학적으로 구성된 데다가 수로와 샘물이 아름다움을 더해 준다. 루이 14세의 별궁이었던 그랑 트리아농(Grand Trianon)과 마리 앙투아네트가 아끼던 프티 트리아농(Petit Trianon)이 궁성 정원에 있다. 1837년 베르사유 궁성은 박물관이 되었다.

베르사유 궁성에서는 역사적 중요한 사건들이 많이 일어났다. 1871년 프로이센-프랑스 전쟁에서 프랑스가 패배한 후 프로이센 국왕 빌헬름 3세가 독일 황제 빌헬름 1세로서 즉위식을 거행하였으며, 프랑스 제3공화정 초기의 의회가 열렸고, 1919년 6월 28일 제1차 세계대전을 끝맺는 강화조약이 이곳에서 체결되었다.

프랑스는 오스트리아와 조약을 맺기 직전인 4월 말 함대를 보내 지중해의 영국령인 미노르카 섬에 상륙, 영국군의 요새를 포위 공격하기 시작했다. 이미 1753년부터 북아메리카 식민지에서 영국과 프랑스는 교전 중이었다. 5월 18일 영국과 프랑스는 공식으로 선전포고를 하였다.

프랑스와 오스트리아의 동맹으로 사면초가가 되었다는 위기의식을 갖은 프리드리히 2세는 8월 29일 중립국인 작센 공국을 침공했다. 7년 전쟁의 시작이었다. 재빠른 진격으로 프로이센 군은 9월 9일 작센 공국의 수도 드레스덴(Dresden)을 점령했다. 작센 군은 남쪽으로 후퇴해서 요새 피마(Pima)를 거점으로 버텼다. 오스트리아는 서둘러 원군을 보냈으나 10월 1일 로보지츠 전투(Battle of Lobositz)에서 패했다. 피마에서 버티던 작센군은 항복했다, 영국은 프로이센의 작센 침공에 놀랐으나 군수 물자와 군자금을 프로이센에 보냈다.

1757년 초 프리드리히 2세는 현재의 체코 공화국 서부에 해당하는 보헤미아를 침공했다. 1757년 5월 6일에 벌어진 프라하 인근에서 벌어진 전투에서 오스트리아군에 승리하고 프라하를 포위했다. 그러나 6월에 콜린(Kolin) 전투에서 오스트리아군에 패하자 프리드리히 2세는 프라하 포위를 풀고 보헤미아에서 철군했다,

6월 초 프랑스도 서쪽에서 하노버 선제후국을 공격해 들어왔다. 하노버 선제후이자 영국 국왕이었던 조지 1세 이후 영국왕은 하노버 선제후를 겸임했다. 7월 25~26일 하스텐벡(Hastenbeck)에서 6만의 프랑스 군(보병 5만, 기병 1만, 야포 68문)과 3만 5천의 하노버 선제후군(보병 3만, 기병 5천, 야포 28문)

이 전투를 벌였다. 하노버 군 사령관은 영국 국왕 조지 2세의 2남인 쿰벌랜드 공작 윌리엄 아우구스투스(William Augustus, the Duke of Cumberland)였다. 승리한 프랑스 군은 느리지만 계속 진군하여 8월 11일 하노버를 점령했다. 하노버의 지도층은 슈타드(Stade)로 피신했다. 프랑스 군은 군수물자가 부족하여 더 이상 추격하지 못했다.

표트르 1세의 딸인 러시아의 여황제 엘리자베타는 개인적으로 프리드리히 2세를 혐오했는데 웨스트민스터 협약이 러시아와 영국의 우호 관계를 해치는 것으로 보고 참전을 준비했다. 그녀가 보기에 프로이센은 러시아 제국의 안보를 위해 약소국으로 전락해야 했다. 1757년 여름 러시아는 오스트리아 편에 서서 7만 5천 병력으로 동프로이센 최북단에 있는 발트 해 연안의 도시 메멜(Memel)을 공격했다. 러시아군은 5일간 포격하여 메멜의 요새를 함락하였다. 러시아군은 메멜을 발판으로 동프로이센으로 진격하여 8월 30일 그로스-예거도르프 전투(Battle of Gross-Jägersdorf)에서 프로이센군에 승리했다. 이에 스웨덴은 9월 1만 7천 병력으로 프로이센 령 포메른(Pommern)을 공격했다. 프로이센 령 포메른은 북방전쟁(Great Northern War, 1700~1721)으로 스웨덴이 프로이센에 잃은 지역이었다.

프리드리히 2세는 이제 동서남북의 여러 전선에서 전투를 벌여야 했다. 프리드리히 2세는 모험을 감행하여 1757년 11월 5일 로스바흐(Rossbach)에서 프랑스- 신성로마제국 소속 제후국 연합군 군대와 마주쳤다. 상대편의 반밖에 안 되는 병력으로 2시간 가까이 싸워 승전했다. 연합군은 전사자 7,000명이었는데, 프로이센군의 전사자는 550명에 불과했다. 곧이어 그는 슐레지엔으로 군대를 돌려 오스트리아 군대와 교전했는데 12월 5일 로이텐(Leuthen)에서 3만 5천의 병력으로 오스트리아군 7만에게 또다시 대승을 거두었다.

로스바흐 전투와 로이텐 전투의 승리로 프리드리히 2세는 전 유럽에 명성을 떨쳤고 골리앗을 이긴 다윗 같은 존재가 되었다. 오스트리아군의 패배 소식에 마리아 테레지아는 며칠을 기도실에서 울며 나오지 않았다고 한다. 그러나 러시아군은 이 해 겨울 동프로이센 전역을 점령했다.

1758년 4월 영국은 프로이센과 협약을 맺었는데 내용은 매년 67만 파운드를 전비로 제공한다는 것이었다. 그리고 영국은 9천 병력을 하노버에 보냈다. 하노버 선제후군의 사령관인 브룬스비크 공작 페르디난트는 라인 강을 넘어 6월 크레펠트(Krefeld)에서 훨씬 많은 수의 프랑스 군을 무찔렀지만 프랑스의 증원군이 오자 라인 강을 건너 퇴각했다. 8월 25일 프리드리히 2세는 3만 5천 병력을 지휘하여 조른도르프(Zorndorf)에서 혈전을 벌여 4만 3천의 러시아군을 격퇴했다. 그러나 10월 14일에는 작센 공국령인 호흐키르히(Hochkirch)에서 신임 사령관 다운 백작(Count Leopold Joseph von Daun, 1705~1766)이 지휘하는 오스트리아군에게 대패했다. 병력의 3분의 1에 가까운 9,400명과 야포 101문을 잃었다. 프리드리히 2세는 오랫동안 가지고 다니던 독약을 부관에게 보여주면서 자살할 의도마저 비추었다.

1759년 7월 23일 현재의 폴란드령인 카이(Kay) 인근에서 러시아군과 프로이센군의 전투가 벌어졌다. 카를 하인리히 폰

베델(Carl Heinrich von Wedel) 장군이 지휘하는 27,400명의 프로이센군은 표트르 살티코프(Pyotr Saltykov, Пётр Семёнович Салтыков, 1697-1772) 백작이 지휘하는 4만이 넘는 러시아군을 공격하다가 패배했다. 전사자, 부상자, 포로 합쳐 6,800명을 잃었다. 러시아군의 손실은 4,800명이었다. 이 전투 후 프리드리히 2세는 러시아군이 오스트리아군과 합류하는 것을 저지하기 위해 러시아군과 결정적인 전투를 벌이기로 결심했다.

8월 12일 프리드리히 2세는 오데르(Oder) 강변의 프랑크푸르트에서 멀지 않은 쿠너스도르프(Kunersdorf)에서 오스트리아와 러시아의 연합군(오스트리아군 1만 8천 5백, 러시아군 4만 1천)에 의해 참패를 당했다. 5만 9백 명의 병력 가운데 전사자, 부상자, 실종자, 포로가 된 자를 합쳐 2만 5천 6백을 잃었다. 심한 부상을 입은 프리드리히 2세는 말을 탈 수 조차 없었다. 절망한 프리드리히 2세는 이날 저녁 수도 베를린에 있는 자신의 궁전에 다음과 같은 편지를 써서 보냈다.

오늘 아침 11시부터 나는 적을 공격했다. … 모든 부대들이 경이적일 정도로 잘 싸웠으나 엄청난 손실을 입었다. … 결국 나마저도 포로가 될 뻔하여 후퇴해야 했다. 내 외투는 총탄에 뚫려 구멍투성이고 내가 타는 말 가운데 2필이 총에 맞아 죽었다. 내가 살아있는 게 불행이다. … 4만 8천 병력 가운데 3천이 남았다. 내가 소식을 전하는 지금 모든 장병이 도주하고 있다. … 솔직히 고백하건대 모든 것을 잃은 것 같다. 나는 조국의 멸망을 보고 죽지는 않겠다.

영원히 안녕!

8월 16일 프리드리히 2세는 일기에 다음과 같이 썼다.

러시아군이 오데르 강을 건너 베를린으로 진격한다면, 우리는 적을 격퇴할 희망으로 싸우는 것이 아니라 우리 수도의 장벽 아래 죽기 위해 싸울 것이다.

바로 이날 러시아 군이 오데르 강을 건넜다. 오스트리아군은 전날인 15일 오데르 강을 건넜다. 모두 합쳐 9만 명에 이르는 병력이었다. 프리드리히 2세는 3만 3천 병력을 소집해 방어에 나섰다. 그러나 러시아-오스트리아 연합군은 지휘부 사이에 분란이 생겨 프로이센이 기진맥진한 상태라는 것을 모르고 9월 철수하여 작센에 머물렀다. 프리드리히 2세는 이를 '브란덴부르크 가문의 기적'이라 부르며 기뻐했다. 프로이센 왕실 호엔촐레른(Hohenzollern) 가문의 기원은 브란덴부르크 변경백이었다.

그러나 프로이센은 여전히 승전의 가망이 없이 버틸 따름이었다. 1760년 1월 1일 프리드리히 2세는 다음과 같이 일기에 썼다.

나의 전력은 바닥이 났다. 전쟁을 계속한다는 것은 나에게는 완전한 파멸을 뜻한다. 아마도 7월까지는 버틸 수 있을지 모른다. 그러나 그 다음에는 파국이 올 것이다.

1760년 5월 21일 오스트리아와 러시아는 새로이 협약을 맺었다. 이 협약에는 러시아의 전비에 대한 보상으로 동프로이센을 러시아에 할양한다는 비밀 조항이 있었다. 그러나 마리아 테레지아와 엘리자베타는 이 협약의 내용을 루이 15세에게 알려주지 않았다.

6월 23일 푸케((Heinrich August de la Motte Fouqué)가 지휘하는 12,000 병력의 프로이센군은 란데슈트(Landeshut) 전투에서 라우돈(Ernst von Laudon) 장군이 지휘하는 28,000 병력의 오스트리아군에 패했다. 지휘관 푸케는 중상을 입고 포로가 되었다. 오스트리아 용기병(龍騎兵)의 칼에 세 번이나 찔려 죽을 뻔 했는데, 푸케의 마부가 사령관이라고 말해 최후의 일격을 피할 수 있었다. 용기병 지휘관인 보이트(Voit) 대령이 말을 제공하자 푸케는 "깨끗한 안장을 나의 피로 더럽힐까 두렵네."라고 말했다. 이에 보이트는 "영웅의 피로 물들면 나의 안장은 영광입니다"라고 대답했다. 이 소식을 들은 프리드리히 2세는 "푸케는 로마인처럼 행동했다."라고 말했다.

7월 31일 영국-하노버 연합군은 바르부르크(Warburg) 전투에서 프랑스 군을 격파했다. 8월 15일에는 슐레지엔의 도시 리그니츠(Liegnitz)에서 프로이센군과 오스트리아군의 전투가 벌어졌다. 프리드리히 2세는 3만 프로이센군을 지휘하여 라우돈 장군이 지휘하는 2만 5천의 오스트리아군에 승리하였다. 다운 백작이 지휘하는 8만 오스트리아군이 뒤늦게 전장에 도착했는데, 프로이센군을 공격하지 않았다.

프랑스는 영국과 프로이센을 동시에 상대해야 했으므로 힘이 부쳤다. 북아메리카 식민지와 인도를 놓고 영국과 치열히 다투었으나 불리했다. 1761년 1월 루이 15세는 러시아에 사절을 보내 평화를 갈망한다는 의사를 밝혔다. 엘리자베타는 동맹의 목적이 달성되기 전까지는 어떠한 화평 제안에도 동의하지 않을 것이라고 프랑스 대사에게 밝혔다. 또한 엘리자베타는 루이

15세에게 비밀 편지를 보내어 두 나라가 이전보다 더 명확하고 포괄적인 성격의 동맹 조약을 체결할 것을 제의했다. 그러나 러시아의 영향력이 동유럽에서 커지는 것을 질시한 루이 15세는 망설였다. 오스트리아, 프랑스, 러시아, 스웨덴 등 프로이센을 상대하는 동맹국들은 강화회담을 여는 날짜를 정하고 그때까지는 프로이센을 몰아붙이기로 합의했다.

 1761년에도 프리드리히 2세는 뛰어난 전술로 잘 버티었으나 한계에 도달했다. 러시아를 견제하기 위해 오스만 투르크를 동맹국으로 끌어들이려 한 외교도 실패했다. 1761년 12월 16일 러시아군은 4개월 간의 포위 공격 끝에 발트 해 연안의 항구 도시 콜베르크(Kolberg)의 요새를 함락했다. 콜베르크는 베를린에서 동북쪽으로 320km 거리이다. 이로서 러시아군이 프로이센의 수도 베를린으로 진격할 통로가 열렸다. 프로이센의 붕괴가 임박했다고 판단한 영국은 양보를 하여 강화를 추구하지 않으면 전비 지원을 중단하겠다고 프리드리히 2세를 협박했다. 절망한 프리드리히 2세는 1762년 1월 6일 가장 신임하는 측근인 핀켄슈타인(Finckenstein) 백작에게 편지를 썼다.

 우리는 협상을 통해, 아무리 작은 영토라도 적의 탐욕으로부터 구해서 나의 조카에게 남겨줄 것을 생각해야 한다.

 프리드리히 2세는 자식이 없었으므로 일찍이 조카인 프리드리히 빌헬름(Friedrich Wilhelm)을 후계자로 삼았다.

 그런데 이 편지를 쓴 바로 전날인 1월 5일 마리아 테레지아 이상으로 프로이센에 완강한 태도를 보이던 러시아의 여황제 엘리자베타가 52세의 나이로 세상을 떠났다. 프로이센에는 또 한 번의 기적이었다. 이 소식을 들은 프리드리히 2세는 "하늘이 개이기 시작했다"는 소감을 밝혔다. 적국 군주인 프리드리히 2세를 영웅으로 숭배하는 태자 표트르가 엘리자베타의 뒤를 이었다. 그가 표트르 3세이다. 공식적으로는 미혼인 엘리자베타는 자식이 없었으므로 친언니 안나의 아들로 표트르 대제의 외손자가 되는 표트르를 후계자로 삼았었다. 표트르 3세는 베를린으로 진격하던 러시아 군을 즉시 철수시키고 강화 조약을 준비했다. 1762년 5월 5일 러시아와 프로이센 사이에 생 페테르부르크 강화 조약이 체결되었다. 내용은 러시아가 점령한 프로이센의 모든 영토를 돌려주고 프로이센과 스웨덴의 강화 협상을 도와준다는 것이었다. 그리고 표트르 3세는 프로이센에게 1만 8천 병력을 원군으로 보내주어 오스트리아와의 전쟁을 돕겠다고 했다. 프리드리히 2세는 러시아와 강화조약이 체결되자 너무나 기뻐 축제를 열었다. 5월 22일 프로이센과 스웨덴 사이에 전쟁 이전 상태로 회귀하기로 규정한 함부르크 조약이 체결되어 두 나라 사이의 전쟁이 끝났다.

불과 1개월 지난 1762년 6월 정변이 일어나 표트르 3세는 폐위되고 그의 황후 예카테리나가 예카테리나 2세로 즉위했다. 그녀는 프로이센에 대항해 전쟁을 계속하려 했다. 그러나 프리드리히 2세는 10월 프라이베르크 전투의 승리로 슐레지엔에서 오스트리아군을 몰아낼 수 있었다. 오스트리아는 오랜 전쟁으로 재정 상태가 너무 나빠져 러시아가 계속 지원하더라도 더 이상 전쟁을 지속하기 어려운 상황이 되었다. 프랑스는 오스트리아를 지원하는 데 더 이상 관심이 없어졌으며, 영국도 더 이상

프로이센을 지원하지 않기로 했다.

　1763년 2월 10일 프랑스와 스페인, 영국 사이에 조인된 파리 조약으로 영국은 캐나다, 도미니카, 그레나다, 프랑스령 루이지애나의 동부를 얻었고 인도 지배권을 인정받아 해외 식민지 경영에서 선두주자가 되었다(1762년 1월 4일 영국이 스페인에 선전포고하여 스페인과 교전하였다. 영국은 스페인 식민지인 필리핀과 쿠바를 점령했다.). 스페인은 필리핀과 쿠바를 돌려받았으나 영국에 플로리다 식민지를 넘겨주었다. 파리 조약 체결 5일 후인 2월 15일 체결된 오스트리아와 프로이센의 후베르투스부르크 조약(Treaty of Hubertusburg)으로 프리드리히 2세는 슐레지엔에 대한 프로이센의 영유권을 인정받아 유럽 강대국으로서의 지위를 확정했다. 7년 전쟁의 결과는 유럽뿐만 아니라 전 세계에 영향을 미쳤다.

　7년 전쟁에서 영국에 패배한 프랑스는 지중해에서 세력을 만회하려 사르데냐 북쪽에 위치한 코르시카 섬을 얻으려 했다(코르시카는 면적이 8,681㎢로 제주도의 5배 정도 된다). 이탈리아 반도 북서부의 도시국가 제노바 공화국(Repubblica di Genova)이 1284년부터 코르시카를 지배했다. 1767년부터 코르시카를 두고 두 나라 사이에 협상이 벌어졌다.

　1768년 5월 프랑스와 제노바 공화국은 베르사유 궁성에서 조약을 체결했다. 내용은 제노바 공화국이 프랑스에 진 채무를 코르시카 섬으로 상환한다는 것이었다. 누구도 이 조약이 프랑스 역사나 세계사에 미칠 영향을 알 수 없었다.

　이 조약의 체결은 두 나라의 계산이 맞아 떨어진 결과였다.

18세기 초부터 코르시카 섬 주민들은 독립을 추구하여 1755년에는 코르시카 공화국 수립을 선언했다. 제노바는 해안가의 몇몇 요새를 계속 장악하고 있었으나 코르시카의 '반란'을 진압하기에는 역부족이었다. 제노바 공화국으로서는 더 이상 지배가 불가능해진 코르시카를 좋은 가격에 매각하는 것이 나았다. 조약을 체결한 루이 15세는 코르시카 원정군을 준비하여 1768년 9월 보 백작(Comte de Vaux)이 지휘하는 프랑스군이 상륙했다. 영국 정계에서는 코르시카 지원을 놓고 논쟁이 있었으나 끝내 원정군을 파견하지 않았다. 1769년 5월 코르시카 공화국의 저항은 끝이 났다.

코르시카 공화국 지도자 파올리(Pasquale Paoli)의 개인비서로 일하던 카를로 부오나파르테(Carlo Maria di Buonaparte)는 프랑스의 지배를 받아들여 프랑스의 귀족이 되었다. 이해 8월 15일 그의 3남 나폴레오네 부오나파르테(Napoleone di Buonaparte)가 태어났다. 그는 유년시절부터 프랑스 군사학교에 유학했는데 20대가 되자 이름을 프랑스식인 나폴레옹 보나파르트(Napoléon Bonaparte, 1769~1821)로 고쳤다.

💎 오스트리아 출신 왕비

1765년 8월 18일 신성로마 황제 프란츠 1세가 뇌졸중으로 급사하여 마리아 테레지아는 과부가 되었다. 마리아 테레지아는 남편과의 삶을 달과 주, 날짜로 환산해서 기록했다. 그리고 '내 행복한 결혼생활은 29년 6개월하고 6일 지속되었다'라고 덧붙였다. 그리고 이를 시간으로 환산해서 25만 8천 7백 74 시간이라고 적었다. 마리아 테레지아는 무척 자랑스러워하던 긴 머리를 짧게 자르고 1780년 세상을 떠날 때까지 여생을 과부가 입는 검정색 옷만 입었다. 장남인 요제프가 신성로마제국 황제로 즉위하니 그가 요제프 2세(Joseph II, 재위 1765~1790)이다. 마리아 테레지아는 아들과 권력을 공유했으나 주도권을 놓지 않았다.

　7년 전쟁이 끝난 후에도 마리아 테레지아는 프랑스와의 동맹을 유지하기에 힘썼다. 그리하여 프랑스 태자와 자신의 막내 딸 마리 앙투아네트와의 결혼을 추진했다. 오스트리아와의 동맹을 줄곧 옹호해온 프랑스의 총리대신(principal ministre d'État) 슈아죌(Choiseul)도 적극 찬성했다.

　마리 앙투아네트는 1755년 11월 2일 마리아 테레지아의 15번째 아이로 태어났다. 당시 마리아 테레지아는 38세였는데 아들 넷과 딸 여덟이 생존한 상태였다. 모든 계층에서 유아 사망률이 높던 당시에 이는 놀라운 생존율이었다. 아기 이름은 마리아 안토니아 요제파 요한나(Maria Antonia Josepha Johanna)로 지었다. 마리아라는 가장 앞쪽 이름은 마리아 테레지아의 조부인 레오폴트 1세 이후 합스부르크 왕가의 공주들에게 모두 붙여졌는데, 이는 합스부르크가의 성모 마리아에 대한 특별한 존경을 표현하는 것이었다. 아기는 세례명을 줄인 안토니아를 프랑스식으로 발음하여 앙투안느(Antoine)로 불렸다. 당시 유럽의 궁중은 보편적으로 프랑스어를 썼다. 프로이센의 프리드리히 2세는 평생 프랑스어만 썼고, 신성로마제국 황제 프란츠 슈테판도 역시 그랬다. 마리아 테레지아의 프랑스어는 독일어 억양이 강했다. 세례명의 앞부분인 마리아 안토니아를 프랑스식으로 하면 마리 앙투안느(Marie Antoine)인데 앙투안느는 애칭(愛稱)으로는 앙투아네트(Antoinette)이다.

 1765년 12월 루이 15세의 태자 루이 페르디낭이 36세의 나이로 결핵으로 죽자 그의 생존한 세 아들 가운데 가장 나이 많은 11세의 루이 오귀스트(Louis Auguste)가 프랑스의 태자가 되었다. 그가 미래의 루이 16세이다. 루이 오귀스트는 1754년 8월 23일생으로 마리 앙투아네트와는 1년 2개월 차이가 난다. 여러 면에서 세련되지 못한 그는 가능한 한 다른 사람과 눈길이 마주치는 것을 피하려 고개를 숙이고 다녔다. 그러나 그는 지적이었고 좋은 교육을 받았다. 프랑스를 방문한 스코틀랜드의 철학자이자 역사가인 데이비드 흄(David Hume, 1711~1776)에게 감화를 받아 역사에 깊은 관심을 가졌다. 그리고 경건한 카톨릭 신도였다. 부르봉 왕실의 전통적인 취미인 사냥에도 매우 열정을 보였다.

 프랑스 궁중에서는 여전히 오스트리아를 적대시하는 정서가 강했다. 루이 15세는 자신의 친오스트리아 외교정책에 부합하는 결혼 동맹을 이루려 했다. 그러나 이를 공개적으로 드러내지는 않았다. 1767년 비인에 프랑스의 신임대사 뒤르포르(Durfort) 후작이 도착했다. 루이 15세는 그에게 오스트리아에 모호한 메시지를 전달하라고 명했다. 일요일마다 호프부르크 궁전에 가서 교류한 그는 적극적이고 근면한 마리아 테레지아를 높이 평가했다. 뒤르포르는 모든 축제와 리셉션에 초대받

앉다. 1768년 1월 마리아 테레지아는 뒤르포르를 궁전의 발코니에서 자신의 옆에 서게 했다. 뒤르포르는 추위에 떨면서 합스부르크가 사람들이 탄 22대의 썰매가 지나가는 지켜보아야했는데, 앙투안느가 탄 썰매가 지나가는 순간 마리아 테레지아는 '어린 아내'라고 속삭였다.

앙투안느가 약간 뻐드렁니라는 것이 지적되어 1768년 초 프랑스 의사가 비인을 방문해 석 달간 치아 교정을 했다. 이 해 가을 루이 15세는 베르몽 신부를 앙투안느의 교사로 보냈다. 이때 13세의 앙투안느는 프랑스어도 독일어도 제대로 읽거나 쓰지 못했다. 그녀의 프랑스어는 엉성하고 독일어 구문이 많았다. 베르몽이 가르친 지 1년이 되자 앙투안느의 프랑스어는 유창해졌다. 그리고 프랑스 역사에 대해서도 많이 알게 되었다. 베르몽 신부는 본국으로 보내는 보고서에 앙투안느의 심성이 상냥하고 친절하다고 칭찬했으나 정신이 산만하다고 한탄

1769년 6월 뒤르포르 후작은 프랑스 태자와 앙투안느의 약혼을 신청했다. 이로부터 6일 후 열린 축하행사에서 마리아 테레지아는 어린 딸에게 말했다.

네 위상의 위대함만을 생각한다면 너의 자매들과 모든 공주들 가운데에서 너는 가장 행복한 사람이다.

막상 결혼이 결정되자 마리아 테레지아는 스캔들이 그칠 날 없는 '도덕적으로 위험한' 프랑스 궁중에 앙투안느가 가게 되면 영혼이 타락하지 않을까 걱정했다. 한 수녀와 상의하니, "황녀는 거꾸로 가는 경향이 심하지만 결국 다시 경건해 질 겁니다."라고 말했다.

1770년 4월 21일 아침 일찍 앙투안느는 비인을 떠나 프랑스를 향했다. 마리아 테레지아는 영원히 다시 보지 못할 딸에게 다음과 같은 작별의 말을 했다.

안녕, 내 가장 사랑하는 아이야. 먼 거리가 우리를 떼어 놓을 것이다… 프랑스 사람들에게 좋은 일을 많이 해서 그들이 내가 천사를 보냈다는 얘기를 할 수 있게끔 하거라.

말을 마친 마리아 테레지아는 주저앉아 울음을 터트렸다. 마리아 테레지아의 딸들은 거의 다 외국 군주에게 시집을 갔는데 그때마다 마리아 테레지아는 쓰라린 이별을 해야 했다. 앙투안느가 탄 57대의 마차 행렬이 쇤부른 궁전을 지나자 기수들이 뿔나팔을 불어 인사했다. 앙투안느는 마리아 테레지아가 작성한 「한 달에 한 번씩 읽어야할 지침서」를 소지했다(1780년 세상을 떠날 때까지 마리아 테레지아는 딸과 편지를 주고 받았다).

1770년 5월 7일 라인 강의 한 섬에서 마리 앙투아네트는 공식으로 프랑스 측에 인도되었다. 프랑스 대표는 노아이유 백작(comte de Noailles)이었다. 마리 앙투아네트는 프랑스 북동부를 가로지르는 여행을 계속했는데, 머무는 곳마다 주민들이 열렬히 환영했다. 5월 14일 오후 3시 콩피에뉴(Compiegne) 숲에서 프랑스 왕가와 첫 인사를 했다. 루이 15세는 후계자인 손자와 결혼하지 않은 나이든 세 딸과 함께 도착했다. 루이 15세는 14세 6개월의 어린 손자며느리가 자신에게 복종의 표시로 무릎을 꿇자 가슴이 뭉클해졌다. 마리 앙투아네트의 눈에는 루이 15세가 크고 건장하고 꿰뚫어 보는 듯한 검은 눈과 매부리코를 지닌 기품 있는 인물이었다. 루이 15세는 만 60의 나이임에도 '자신의 궁정에서 가장 잘생긴 남자'라는 말을 들었다. 그러나 옆에 있는 태자 루이 오귀스트는 이와 거리가 멀었다. 16세에서 석 달 모자란 나이인 태자는 무척 뚱뚱했다. 그 다음에 볼품없는 노처녀들인 루이 15세의 세 딸과 상견했다. 루이 15세는 딸들에게 별명을 붙였는데 큰 딸 에델레이드는 '넝마', 둘째 딸 빅트와르는 '돼지', 셋째 딸 소피는 '굼벵이'였다. 루이 15세가 보기에 손자며느리는 매력적이나 어린애 티가 나는 10대 소녀였다.

5월 15일 라 뮈에트 성(château de la Muette)에서 열린 저녁 만찬에서는 태자의 두 아우인 프로방스 백작(comte de Provence)인 루이 스타니슬라스 자비에(Louis Stanislas Xavier)와 아르투아 백작(comte d'Artois)인 샤를 필립(Charles Philippe)을 만났다. 프로방스 백작은 훗날 루이 18세(Louis XVIII, 재위 1814~1824)가, 아르투아 백작은 샤를 10세(Charles X, 재위 1824~1830)가 된다. 결혼식은 1770년 5월 16일 베르사유 궁성에서 열렸다. 이때부터 비인에서 인기 있는 빵인 크루아상(croissant)이 프랑스에서 유행했다.

처음 태자비는 프랑스 국민들에게 인기가 좋았다. 마리 앙투아네트는 1773년 6월 8일 파리의 튈르리 궁((Palais des Tuileries)에서 처음으로 공식적으로 민중에게 모습을 드러냈다. 5만의 인파가 태자비를 보려 몰려들었는데, 하얀 피부, 금발머리, 푸른 눈이 특징인 미모와 침착한 자태에 매료되었다.

그러나 나이 많은 왕족들은 태자비를 '그 오스트리아 여자(l'Autrichienne)'라 불리며 경원시했다. 연로한 왕족들은 반 오스트리아 정서에서 벗어나지 못했다. 200년간 많은 전쟁을 치러 죽고 다친 왕족이 많은 것을 고려하면 이해가 가는 일이다.

1774년 5월 10일 루이 15세가 천연두로 사망하였다. 그의 치세는 59년이었다. 태자 루이 오귀스트가 20세의 나이로 즉위하니 그가 루이 16세이다(루이 13세는 9세에, 루이 14세와 15세는 5세에 즉위했다.). 태자비 마리 앙투아네트는 18세 6개월의 나이로 왕비가 되었다.

1775년 4월 남부를 제외한 프랑스 전역에서 식량 폭동이 일어났다. 당시 프랑스인들은 이를 '밀가루 전쟁(guerre des farines)'이라 불렀다. 이는 1773년과 1774년의 흉년에서 비롯된 것이지만 1774년 9월 재무총감 튀르고가 곡물 가격을 자유화한 조치, 즉 시장에 맡긴 조치가 더 큰 원인이었다. 곡물 가격을 시장에 맡기면 풍흉에 따라 가격 변동이 심해지는데, 1775년 봄 곡물 가격이 오르고 빵 가격이 폭등했다. 루이 16세는 군대를 지방 곳곳에 파견하면서 국가 비축 곡물을 방출했고 상인들에게는 정부가 지정한 가격에 곡물을 팔 것을 명령했다. 식량 폭동은 5월 초에는 거의 끝이 났다.

식량 폭동이 나자 마리 앙투아네트는 마리아 테레지아에게 편지를 썼다.

> 그들의 불행에도 불구하고 우리를 이리도 잘 대접해주는 민중을 보아서도, 우리는 그들의 행복을 위해 더욱 노력해야 하겠지요. 국왕은 이 사실을 이해하는 것 같습니다.

'케이크를 먹게 하라'

'(빵이 없으면) 케이크를 먹게 하라(Qu'ils mangent de la brioche, Let them eat cake)'라는 말은 마리 앙투아네트가 한 말로 전해진다. 민중의 어려운 상황을 모르는 지배층의 안일함을 묘사하는 대표적인 표현이지만 이는 루소(Jean-Jacques Rousseau)가 지어낸 것으로 추정된다. 루소는 자서전 《참회록(Confessions)》에는 다음과 같은 일화가 있다.

··· 드디어 나는 임시변통의 해결책이 떠올랐다. 어느 위대한 공주는 농부들이 먹을 빵이 없다고 하자 이렇게 대답했다는 것이다. "브리오슈를 먹게 하라(Qu'ils mangent de la brioche.)"
브리오슈는 케이크와 비슷한 고급 빵으로 오스트리아의 비인에서 나온 것이다. 루소의 자서전은 신뢰하기 어렵다는 평을 받고 있다(유명인의 자서전이나 회고록은 대부분이 자기합리화에 몰두해 그 신빙성이 낮아 사료로 이용하기 어렵다). 게다가 루소의 자서전이 출판된 시기는 1782년이지만 원고는 마리 앙투아네트가 10세가 채 되기 전인 1765년에 완성되었으므로 이 일화는 마리 앙투아네트를 말하는 것이 아니다. 이 말을 한 사람으로 루이 14세의 왕비 마리 테레즈, 마리 앙투아네트의 신뢰를 받은 폴리냑 공작부인 등 여러 사람이 물망에 오르지만 이 일화 자체가 지어낸 것일 가능성이 크다. 실제로 마리 테레즈가 한 말은 백성이 빵이 없어 굶주린다는 말을 듣고 마음이 아파 "빵이 없다면 파이 껍질이라도 갖다 주라(S'il ait aucun pain, donnez-leur la crote au loin du pt)"였다고 한다.

> 최근 중국에서는 이 일화는 진(晉)의 2대 황제로 백치였던 혜제(惠帝, 재위 290~306) 사마충(司馬衷)의 일화를 변형시킨 것이라 주장하고 있다. 《자치통감》에는 그가 백성들이 먹을 쌀이 없다고 하자 "고기죽을 먹으면 되지 않나?(何不食肉)"라고 말했다는 일화가 전한다.

1775년 6월 11일 루이 16세는 랭스(Reims)의 노트르담 성당에서 대관식을 거행했다. 돌아오는 길에 국왕 부부는 관례에 따라 파리의 중등교육기관 루이 대왕 학교(collège Louis-le-Grand)를 방문하여, 그 해에 고전 성적이 가장 우수한 학생이 하는 라틴어 환영 연설을 들었다(루이 대왕은 루이 14세를 말한다). 그 학생이 로베스피에르(Maximilien François Marie Isidore de Robespierre, 1758~1794)였다. 비가 와서 국왕 부부는 마차에서 나오지 않았는데 비를 맞으며 축사를 한 로베스피에르는 국왕 부부를 증오하게 되었다고 한다.

루이 16세는 특유의 수줍음 많은 성격과 어릴 적 교육으로 반 오스트리아 정서가 강해 마리 앙투아네트와 서먹한 사이였다. 마리아 테레지아는 앙투아네트가 어서 왕자를 낳기를 열망했지만 놀랍게도 프랑스 왕비는 아직 처녀였다. 1777년 왕비의 오빠인 요제프 2세가 베르사유 궁성을 방문해 루이 16세와 부부의 도리에 대해 진지하게 대화했다. 요제프 2세는 루이 16세를 "인내심이 필요하지만, 이야기를 해 보면 의외로 뛰어난 지성을 가지고 있다는 것을 알 수 있었다"고 평했다. 이는 루이 16세의 이미지는 바보이고 주의 깊게 관찰하지 않으면 그의 지성을 알 수 없다는 말이다. 루이 16세는 원시(遠視)가 심해 평소 자세와 걸음이 초라해 보였다. 대인기피증도 있었으므로 국민과 신하들에게 모자라는 사람이라는 인상을 주었다.

처남이 다녀간 후 루이 16세는 심리적 억압에서 벗어날 수 있었다(루이 16세가 포경 수술을 받아 문제를 해결했다는 이야기가 있으나 이는 낭설이다. 루이 15세도 손자가 결혼한 지 몇 년이 지나도 아이가 태어나지 않자 저명한 의사를 불러 진찰하도록 했는데, 루이 16세는 신체적으로 아무 이상이 없었다). 이후 프랑스 국왕 부부는 가까워져 진짜 부부가 되었는데, 마리 앙투아네트는 이를 편지로 어머니에게 알렸다.

마리 앙투아네트는 1778년 12월 20일 첫 딸을 낳았는데, 이름을 마리 테레즈(Marie-Thérèse-Charlotte, 1778~1851)라 지었다. 마리 테레즈는 마리아 테레지아의 프랑스 식 발음이다. 이후 아들 둘과 딸 하나를 더 낳았다. 장남 루이 조셉(Louis Joseph Xavier François)은 1781년 10월 생, 2남인 루이 샤를(Louis-Charles)은 1785년 생, 2녀 소피(Sophie-Béatrice)는 1786년생이다. 소피는 출생 11개월만인 1787년 사망했다.

왕비가 된 마리 앙투아네트는 무수한 음란 팜플렛의 표적이 되었다. 이에 따르면 마리 앙투아네트는 희대의 색광으로 시동생들을 비롯한 수많은 남자와 간통했으며 궁전을 출입하는 여러 귀족 부인과 동성애 관계였다. 루이 16세는 넘쳐나는 왕비의 정욕을 감당하지 못하므로 왕비가 낳은 아이들의 아버지일 수 없다는 식으로 놀림을 받았다.

이 팜플렛의 저자들은 계몽주의를 신봉하는 구체제의 반대자들이었다. 그러나 이들은 이처럼 지극히 반계몽주의적인 방식으로 그들의 사상을 전파했다. 왕비는 1777년 여름부터는 유행가 가사 등을 통해서도 비난받기 시작했다. 1780년대 불경기가 만성적이 되자 민중은 거짓선전을 조금도 의심하지 않고 사실로 믿게 되었다(먹고 살기 힘들면 사람들은 꼭 누구 탓을 하기 마련이다).

왕을 비방하는 팜플렛이 나온 것은 루이 15세 때부터였다. 루이 15세의 왕비와 연인들이 주요 대상이었다. 루이 15세 시대에 이미 왕의 신성성에 금이 갔다.

늘어나는 재정적자

프랑스 국왕이 된 루이 16세의 당면 과제는 15억 리브르(2010년 화폐 가치로 15조원)에 이르는 과도한 국가 채무였다. 루이 14세와 루이 15세의 131년 통치 기간 치른 많은 전쟁이 근본 원인이었다. 루이 14세는 네덜란드 계승 전쟁(Guerre de Dévolution, 1667~1668), 네덜란드 전쟁(Guerre de Hollande, 1672~1678), 재결합 전쟁(Guerre des Réunions, 1683~1684), 아우크스부르크 동맹 전쟁(Guerre de la Ligue d'Augsbourg, 1688~1697), 스페인 왕위 계승 전쟁(Guerre de Succession d'Espagne, 1701~1714) 등을 치렀다. 루이 15세는 폴란드 왕위

계승 전쟁, 오스트리아 왕위 계승 전쟁, 7년 전쟁을 치렀다.

루이 16세는 즉위한 그 해 8월 경제학자 튀르고(Anne Robert Jacques Turgot)를 재무총감(contrôleur général des finances)으로 임명하여 재정 위기 해결을 맡겼다. 재무총감은 국가 재정 이외에 농업, 공업, 상업, 토목, 지방 행정 등도 책임지는 요직이었다. 튀르고는 '적자 없는 예산, 증세도 없고 차입도 없다'는 원칙을 가지고 강력한 긴축정책을 펴 상당한 성과를 거두었다. 튀르고는 귀족들의 반대로 2년 후인 1776년 물러났는데 후임인 뉘(Jean Clugny de Nuits) 남작은 튀르고의 정책을 철회했다.

7년 전쟁으로 막대한 군사비를 지출하여 영국정부의 부채는 1755년의 7천 2백만 파운드에서 1764년에는 1억 3천만 파운드(2011년 물가로는 약 150억 파운드)로 2배 가까이 늘어났다. 이를 보상하려 영국은 북아메리카 식민지에 중과세를 하였다. 이에 반발하여 북아메리카 식민지 13개 주는 대표를 선출하여 대륙회의(Continental Congress)를 열었다.

1776년 5월 대륙회의는 영국의 지배로부터 벗어나 인민의 권위에 토대를 둔 새로운 공화제 정부를 세울 것을 13개 식민주에 촉구했다. 7월 4일 대륙회의는 토마스 제퍼슨(Thomas Jefferson)이 작성한 독립선언서를 발표했다. 이로서 미국 독립 전쟁이 시작되었다.

1776년 가을 대륙회의는 벤저민 프랭클린(Benjamin Franklin, 1706~1790)을 프랑스에 보내어 독립 승인과 군사 동맹을 요청했는데, 프랑스는 비공식적으로 야포, 탄약 등의 군수 지원을 하기로 결정했다. 1777년 6월에는 프랑스의 라파예트 후작(marquis de La Fayette, 1757~1834)이 미국에 도착하였다. 라파예트가 미국으로 간다는 정보를 얻은 영국은 그를 해상에서 나포하려고 했다. 이를 안 루이 16세는 라파예트에게 미국으로 가지 말고 마르세유에 있는 군부대로 가라고 전근 명령을 내렸다. 그러나 라파예트는 스페인 선박을 타고 밀항하여 미국으로 갔다. 대륙회의가 그를 육군 소장으로 임명하여 대륙군(Continental Army)에 합류했다. 이후 라파예트는 많은 무공을 세웠다.

1777년 10월 뉴욕 주의 새러토가(Saratoga) 전투에서 미국이 승리하자, 이제까지 비공식적으로만 미국을 지원하던 프랑스 정부는 미국의 동맹 요구에 적극적이 되었다. 1778년 2월 프랑스는 미국과 우호 통상 조약과 동맹 조약을 체결했다. 이 두 조약의 내용은 △프랑스가 미국의 독립을 승인 △쌍방이 최혜국 지위를 인정 △미국은 프랑스의 아메리카 식민지를 인정 △두 나라는 미국의 독립이 달성될 때까지는 단독으로 강화하지 않는다는 것이었다. 6월 프랑스는 영국에 선전포고했다.

1779년 6월에는 스페인이 영국에 선전포고했다. 스페인은 독립 전쟁 초기부터 미국에 군수물자를 제공하고 자금 지원을 했다. 스페인 왕위 계승 전쟁 때 영국에 빼앗긴 미노르카, 지브롤터, 7년 전쟁 때 영국에 빼앗긴 플로리다를 수복하는 것이 목표였다.

1781년 9월 증강된 대륙군과 프랑스 연합군은 버지니아 해안의 요새 요크타운을 포위했는데 9월 5일 인근의 체서피크 만

(Chesapeake Bay)에서 프랑스와 영국 해군이 해전을 벌여 프랑스가 승리했다. 이로서 요크타운은 고립무원이 되어 10월 19일 영국군은 항복했다. 이 전투 이후 영국은 아메리카의 독립을 인정하려 했다. 1782년 파리에서 영국, 프랑스, 미국, 스페인, 네덜란드 대표가 모인 가운데 평화회담이 열렸다.

1783년 9월 영국은 미국, 프랑스, 스페인, 네덜란드와 개별적으로 강화조약을 체결했다. 영국은 미국 독립을 승인하고 서쪽으로는 미시시피, 남쪽으로는 스페인령 플로리다를 국경선으로 인정했다. 영국은 프랑스에는 북미의 몇몇 섬과 아프리카의 세네갈 등 7년 전쟁의 전리품을 대부분 반환했다. 스페인에는 미노르카와 플로리다를 돌려주었다. 프랑스와 스페인은 전쟁 중 점령한 바하마 군도(Bahama Islands), 그레나다(Grenada), 몬트서래트(Montserrat)를 영국에 반환했다.

미국 독립 전쟁에서 프랑스가 쓴 돈은 20억 리브르(2010년 화폐 가치로 20조)였다. 이에 따라 재정적자가 엄청 커져 35억 리브르가 넘었는데, 이 책임을 오스트리아 출신 왕비에게 돌리는 소책자들을 프랑스 민중은 믿게 되었다.

💎 다이아몬드 목걸이 사건

다이아몬드 목걸이 사건은 1785년 세상에 알려졌으나 그 기원은 10년이 넘게 올라간다.

1772년 루이 15세는 자신의 마지막 정부인 뒤 바리 백작부인(comtesse du Barry, 1743~1793)에게 2백만 리브르(2010년 가치로 200억에 해당)를 들여 다이아몬드 목걸이를 선물하기로 했다. 루이 15세는 왕실 보석상 뵈머(Charles Auguste Boehmer)와 바상주(Paul Bassenge)에게 어떠한 다이아몬드 목걸이보다도 화려한 목걸이를 만들어 달라고 요청했다. 뵈머와 바상주는 유대인으로 장인 사위 관계였다. 보석상이 필요한 다이아몬드 세트를 구입하고 가공하는데 여러 해가 걸릴 수밖에 없었는데, 완성되기 전인 1774년 루이 15세는 천연두로 사망했다. 그리고 뒤 바리 백작부인도 수녀원으로 추방되었다. 완성된 다이아몬드 목걸이에는 다이아몬드 647개, 2800 캐럿이 들어갔다.

뵈머와 바상주는 이제 프랑스 왕비가 된 마리 앙투아네트가 다이아몬드 목걸이를 사주기를 바랐는데, 실제로 1778년 루이 16세는 왕비에게 이 다이아몬드 목걸이를 선물로 사주려고 했다. 그러나 마리 앙투아네트는 이미 다이아몬드가 많은데다가 그 목걸이를 쓸 일은 겨우 1년에 네댓번 뿐일 터이니 목걸이를 돌려보내라고, 그만한 돈이 있다면 군함 건조에 쓰는 것이 좋겠다면서 거절했다. 뵈머는 외국에 팔려고 모조 보석으로 만든 목걸이 모형을 유럽의 여러 왕궁으로 보냈지만 구매자는 나타나지 않았다. 1779년 뵈머는 다시 루이 16세에게 다이아몬드 목걸이를 사달라고 간청했다. 대금도 일부는 할부로 하고 나머지는 종신 연금으로 하는 조건이었다. 루이 16세는 다시 왕비에게 말을 꺼냈다. 그러나 왕비는 그렇게 비싼 목걸이를 탐낸다고 세상 사람들에게 손가락질 받고 싶지 않기 때문에 절대 사지 않겠다고 말했다. 1781년 황태자 루이 조셉(Louis-Joseph)이 태어나자 뵈머는 다시 왕비에게 팔려했다. 마리 앙투아네트는 이 번에도 구입을 거절했다. 그녀는 보석상에게 다이아몬드 목걸 이를 해체해 팔 것을 권유했다. 뵈머와 바상주는 전 재산을 들 이고도 모자라 빚까지 얻어 만든 다이아몬드 목걸이를 팔지 못 해 파산할 지경이었다.

이때 라 모트 백작부인(Comtesse de la Motte)이란 희대 의 사기꾼이 나타났다. 그녀의 본명은 잔느 드 발르와 생 레미 (Jeanne de Valois-Saint-Rémy)로 프랑스 발르와 왕조의 앙리 2세의 자손이었다. 1756년 극빈 가정에서 태어난 잔느 드 발르 와는 불랭빌리에 후작 부인의 보살핌을 받았는데, 1776년 족 보학자 오지에의 증명을 받아 발르와 왕조의 후손으로 인정받 았다. 이에 따라 많지는 않지만 국가로부터 연금을 받을 수 있 었다.

발르와 왕조 (Maison de Valois, 1328~1589)

카페 왕조(Dynastie captienne, 987~1328)의 샤를 4세(Charles IV, 재위 1322~1328)는 1328년 아들 없이 여러 딸만을 남기고 세상을 떠났다. 이에 3인이 왕위 계승권을 주장했다.

필립 드 발르와(Philippe de Valois) : 필립 4세의 동생인 샤를의 아들. 샤를 4세의 사촌.

영국왕 에드워드 3세(Edward III) : 샤를 4세의 누나인 이자벨의 아들. 샤를 4세의 조카.

 나바르 왕 필립 3세(Philippe III de Navarre) : 필립 4세의 동생인 루이의 아들로, 샤를 4세의 형인 루이 10세의 사위. 샤를 4세의 사촌이자 처남, 그리고 조카사위가 된다.

프랑스의 왕위는 샤를 4세가 죽기 전 섭정으로 지명한 필립 드 발르와에게 넘어갔다. 그가 필립 6세(Philippe VI, 재위 1328~1350)이다. 그는 왕이 되기 전 발루아 백작(comte de Valois) 작위를 가지고 있었으므로 이후 그의 가문은 발루아 왕조로 불린다. 한편 이 왕위 계승 문제는 백년전쟁(Hundred Years' War, 1337~1453)의 주요한 원인이 되었다. 처음에 에드워드 3세는 필립 6세의 왕위 계승을 인정했으나 곧 불화로 프랑스 왕위를 주장해 1337년 백년전쟁이 시작되었다.

필립 6세에서 시작된 발르와 왕조는 1328년부터 1589년까지 프랑스를 통치하며 세 개의 주요한 가문을 배출하였다. 직계 발르와 가문(Valois directs, 1328~1498)과 발르와-오를레앙가(Valois d'Orlans, 1498~1515), 발르와-오를레앙-앙굴렘가(Valois d'Orlans-Angoulme, 1515~1589)가 그것이다. 직계 발루아 가문에서 7명, 발르와-오를레앙가에서 1명, 발르와-오를레앙-앙굴렘가에서 5명 이렇게 모두 13명의 발르와 왕조 출신 프랑스 왕이 나왔다.

직계 발르와 가문의 7명의 왕은 필립 6세, 장 2세(Jean II, 재위 1350~1364), 샤를 5세(Charles V, 재위 1364~1380), 샤를 6세(Charles VI, 재위 1380~1422), 샤를 7세(Charles VII, 재위 1422~1461),

> 루이 11세(Louis XI, 재위 1461~1483), 샤를 8세(Charles VIII, 재위 1483~1498)이다. 이들은 모두 부자 관계였다.
>
> 샤를 8세가 아들들이 일찍 죽어 무자 상태로 별세하자 왕위는 샤를 8세의 사촌이자 매형으로 발르와-오를레앙가 출신인 오를레앙 공작(duc d'Orlans) 루이 도를레앙(Louis d'Orlans)에게 넘어갔다. 그가 루이 12세(Louis XII, 재위 1498~1515)이다. 루이 12세 또한 아들 없이 죽자 그의 사촌인 발르와-오를레앙-앙굴렘가의 앙굴렘 백작(comte d'Angoulme) 프랑수아 당굴렘(Franois d'Angoulme)이 프랑스 국왕으로 즉위했다. 그가 프랑수아 1세(Franois I, 재위 1515~1547)이다.
>
> 프랑수아 1세는 적자가 셋이었으나 장남과 3남이 10대 후반에 죽어 2남인 앙리가 유일한 아들이 되었다. 앙리가 1547년 프랑스 왕으로 즉위하니 그가 앙리 2세이다. 앙리 2세는 왕비 카트린 드

잔느 드 발르와는 1780년 헌병 장교인 마르크 앙투안 니콜라 드 라 모트(Marc Antoine-Nicolas de la Motte)와 결혼했다. 라 모트는 귀족의 자손이라 주장했는데 사실이 아닐 가능성이 높다. 18세기 프랑스에는 귀족의 자손이라 사칭하는 일이 많았다. 이 부부는 스스로를 백작, 백작 부인이라는 칭호를 쓰며 사회생활을 했다. 라 모트 백작부인은 더 나아가 스스로를 '마리 앙투아네트 드 프랑스 드 생 레미 발르와'라 칭하여 발르와 왕조의 후예임을 과시하며 마리 앙투아네트의 이름도 교묘히 사

칭했다. 호사로운 생활을 꿈꾸는 잔느 드 발르와는 왕비에게 접근하려 했다. 루이 15세부터 일반 시민도 정장을 하면 베르사유 궁성의 정원으로 들어갈 수 있도록 하여, 프랑스 국민은 먼 발치에서나마 국왕 가족을 볼 수도 있었다. 그러므로 잔느 드 발루와는 빈번히 베르사유 궁성을 방문했는데, 그녀의 의심스러운 행실을 들은 마리 앙투아네트는 접견을 거부했다.

  1783년 무렵 잔느 드 발르와는 로앙 추기경(Cardinal de Rohan)을 만났는데 곧 그의 정부 겸 측근이 되었다. 로앙 추기경은 추기경이 되기 이전 오스트리아와의 동맹을 반대하는 당파 소속이었다. 1772년에는 프랑스 대사로 오스트리아 수도 비인에 왔는데 오스트리아와 프랑스와의 동맹을 깨려 획책했다. 게다가 성직자이면서도 사생활은 사치스럽고 방탕하여 마리아 테레지아의 미움을 받았다. 1774년 루이 15세가 사망하자 로앙은 본국으로 소환되었는데, 왕비가 된 마리 앙투아네트는 당연히 그를 경원했다. 명문 귀족 가문 출신인 로앙은 가문의 후원을 얻어 1777년에는 궁중 사제장이 되었고 1778년에는 추기경이 되었다. 로앙 추기경은 루이 13세 때 총리대신이었던 리셜리외 추기경(Cardinal Richelieu), 루이 14세 때의 총리대신이었던 마자랭 추기경(Cardinal Mazarin), 루이 15세 때의 총리대신이었던 플뢰리 추기경(Cardinal Fleury)처럼 총리대신이 되고 싶어 했다. 총리대신은 최고위 관직이었으나 대개 실권이 없는 명예직이었다. 그러니 위의 세 추기경은 국왕의 절대적인 신임을 얻어 총리대신이 되어 국왕의 모든 국정을 보좌하는 재상(宰相) 역할을 했다. 로앙 추기경이 총리대신이 되려면 어떻게 해서든 왕비 마리 앙투아네트의 환심을 사야 했다. 그러나 마리 앙투아네트는 로앙 추기경이 집전하는 미사에 참석하면서도 다정한 눈길 한번 주지 않았다.

이러한 상황을 이용하여 양심과 담을 쌓은 잔느 드 발르와, 즉 라 모트 백작부인은 희대의 사기극을 꾸몄다. 그녀는 로앙 추기경에게 자신이 왕비의 총애를 받고 있다고 속였다. 이를 믿은 로앙 추기경은 라 모트 백작부인을 통해 왕비의 호의를 얻으려 했다. 그리하여 로앙 추기경과 프랑스 왕비 사이에 서신이 오고 갔다. 물론 프랑스 왕비 마리 앙투아네트의 편지는 모두 라 모트 백작부인이 쓴 것이었다. 더 정확히 말해 라 모트 백작부인이 불러주는 대로 그녀의 비서이자 정부인 레토 드 비예트(Rétaux de Villette)가 쓴 것이었다. 1756년 몰락한 귀족의 아들로 태어난 비예트는 한 동안 군인으로 복무하다가 1778년부터 파리에 거주했는데 도시 빈민 계층의 젊은 처녀들을 속여 모집해 매춘부로 공급해주고는 포주에게 대가를 받았다. 그 스스로도 남창으로 돈을 벌었다는 말도 있다. 이러한 생활을 하면서 문서 위조 등 갖가지 사기 술수를 익혔는데 이익을 위해 수단 방법을 가리지 않는다는 점에서 잔느 드 발르와하고는 참으로 어울리는 자였다.

편지글이 매우 다정했으므로 로앙 추기경은 왕비가 자신에 애정을 갖고 있다고 확신하게 되었다. 그는 라 모트 백작부인에게 야간에 왕비와의 비밀 접견을 주선해달라고 졸랐다. 1784년 8월의 어느 날 밤 베르사유 궁성의 정원에서 로앙 추기경은 왕비를 만났다. 그 왕비는 실제로는 니콜 르게 돌리바(Nicole le Guay d'Oliva)라는 매춘부였는데, 용모가 마리 앙투아네트를 매우 닮고 키도 비슷해 라 모트 백작부인이 고용했다. 추기경은 장미를 전달했고 왕비는 과거의 불화를 잊겠다고 약속했다.

라 모트 백작부인은 추기경의 신임을 이용해 왕비의 자선 사업에 쓸 것이라며 거액을 빌렸다. 이 돈으로 그녀는 상류층 사교계에 출입할 수 있었다. 사교계 인사들은 대부분 왕비와 친하다는 그녀의 말을 믿었다. 이 소문을 들은 보석상 뵈머와 바상주가 라 모트 백작부인에 접근하여 왕비에게 다이아몬드 목걸이를 팔아달라고 청탁했다. 그녀는 다이아몬드 목걸이를 사라는 왕비의 편지를 로앙 추기경에게 보냈다. 왕비의 편지에는 언제나 '마리 앙투아네트 드 프랑스(Marie Antoinette de France)'라는 서명이 있었다. 그러나 프랑스 왕비들은 서명할 때 세례명만 쓰지 성씨 등 다른 어구는 쓰지 않았다. 어떻게 해서든 왕비의 총애를 얻으려는 욕망에 사로잡힌 로앙 추기경은 이를 인지하지 못했다.

1785년 1월 21일 라 모트 백작부인은 로앙 추기경에게 왕비가 그 다이아몬드 목걸이를 사려하나 국가재정이 아주 나쁜 상황이므로 비밀리에 사고 싶어 하는데 추기경이 그 중개자가 되기를 원한다고 말했다. 며칠 후 로앙 추기경은 뵈머와 바상주하고 다이아몬드 목걸이를 2백만 리브르에 할부로 사는 협상을 했다.

2월 1일 아침 추기경은 보석상에게 빨리 목걸이를 가져오라는 편지를 보냈다. 뵈머와 바상주는 당일로 보석함을 들고 로앙 추기경의 저택에 도착했다. 추기경은 '마리 앙투아네트 드 프랑스'라는 서명이 들어가 있는 계약서를 보여주며 이들을 안심시켰다. 다음날 저녁 로앙 추기경은 하인 슈라이버와 함께 베르사유의 도펭 거리에 있는 라 모트 백작부인의 집에 도착했다. 라 모트 백작부인은 추기경을 알코브(alcôve, 침실 벽을 파서 침대를 들여 놓은 곳)가 딸린 방으로 안내했다. 잠시 후 '왕비 마마의 심부름입니다!'라는 기별이 왔다. 로앙 추기경은 알코브로 들어가 몸을 숨기고 심부름꾼이 들어오는 것을 보았다. 그는 추기경이 라 모트 백작부인에게 전해준 보석함을 받아가지고 나갔는데, 백작부인이 직접 따라가 문을 열어 주었다.

심부름꾼은 리토 드 비예트였다. 잔느 드 발르와와 그 남편, 그리고 비예트는 그날로 다이아몬드 목걸이를 해체했다. 증거를 없애며 팔기 위해서였다. 2월 9일부터 비예트는 다이아몬드를 팔려 파리를 돌아다녔다. 2월 12일 한 유대인 보석상이 9일부터 상당히 좋은 다이아몬드를 놀랄 만큼 싼 가격에 팔려는 사람이 나타났다고 몽마르트르 구역의 경찰에 신고했다. 2월 15일 비예트는 다이아몬드 40개를 4만 리브르에 팔려다가 체포되었다. 비예트는 이리저리 빼다가 다이아몬드가 라 모트 백작부인의 것이라고 말했다. 도난 신고도 없었으므로 경찰은 그를 석방했다.

잔느 드 발르와는 보석을 영국에서 처분하는 것이 안전하다고 생각했다. 그녀의 남편 라 모트는 4월 10일 보석을 가지고 런던으로 떠났다. 라 모트는 런던의 거물급 보석상 로버트 그레이(Robert Gray), 윌리엄 그레이(William Gray), 나다니엘 제프리스와 거래를 텄다. 라 모트는 다이아몬드가 어머니에게서 물려받은 허리띠에서 나온 것이라고 말했다. 런던의 보석상들은 장물이 아닌가 의심하여 프랑스 대사관에 문의하였으나 도난 신고가 없었다는 답변에 24만 리브르 이상의 다이아몬드를 샀다. 현금 이외에 금 은 진주 등 다른 보석, 그리고 어음으로도 값을 치렀다.

　잔느 드 발르와는 프랑스에서 3월에 3만 6천 리브르 어치의 다이아몬드를, 4월에는 3만 리브르의 다이아몬드를 팔았다. 그녀는 보석상 피에르 레니에에게 12,650리브르의 빚을 지고 있었는데 이를 다이아몬드로 갚았고, 27,540 리브르의 다이아몬드를 팔았다. 잔느 드 발르와는 보석을 팔아 얻은 돈으로 말과 마차를 사고 하인을 고용하고 시계를 샀다. 그러고도 아직 팔지 못한 다이아몬드가 상당한 수량 남았다.

　뵈머와 바상주는 베르사유 궁성을 찾아가 왕비를 만나게 되었을 때 왕비가 목걸이에 대해 아무 말도 하지 않자 물어보지도 못하고 그저 답답해했다. 6월에 다시 왕비를 뵙게 된 두 사람은 다이아몬드 목걸이를 구입해 주셔서 감사하다는 뜻으로 에둘러 말했다. 마리 앙투아네트는 의아한 표정을 지었다. 7월 말로 예정된 첫 번째 대금 지불 기일이 다가오자 사건 관련 당사자들은 모두 초조해졌다.

　7월 1일 잔느 드 발르와는 로앙 추기경을 찾아가 왕비가 목걸이 값이 너무 비싸 20만 리브르를 깎아 달라고 한다고 말했다. 추기경은 뵈머와 바상주를 찾아가 그 말을 전했고 두 사람은 못마땅하지만 받아들였다. 로앙 추기경은 베르사유로 가서 목걸이를 사주셔서 감사하다는 뜻을 전하라고 권했다. 바상주는 추기경이 보는 앞에서 감사의 편지를 썼는데 일부 문구는 추기경이 고쳤다.

　　왕비 마마,
　　최근에 저희에게 제안해주시고 저희가 열정적인 존경을

바치며 동의한 최근의 합의가 왕비 마마의 명령에 대한
저희의 복종과 헌신을 보여주는 새로운 증거라고 감히
생각하며 저희는 최고의 행복을 누리고 있습니다.
저희는 이 세상에서 가장 아름다운 목걸이가 세상에서
가장 위대하고 훌륭하신 왕비 마마의 수중에 들어갈 거
라는 생각에 진실로 만족하고 있습니다.

7월 12일 뵈머는 베르사유 궁으로 갔다. 루이 16세의 아우 아르투아 백작의 아들 루이 안투안느(Louis Antoine, 1775 ~ 1844)의 세례식을 기념해 루이 16세가 왕비에게 선물로 줄 다이아몬드 어깨 장식과 허리 장식을 맞추었기 때문이었다. 뵈머는 마리 앙투아네트에게 감사의 편지를 주었다. 이때 재무총감이 들어왔으므로 뵈머는 서둘러 자리를 떴다. 재무총감이 나간 뒤 왕비는 편지를 읽어보고는 어리둥절하여 뵈머를 불렀는데, 이미 파리를 향해 떠난 다음이었다. 왕비는 침전 상궁인 캉팡(Campan) 부인에게 큰소리로 편지를 읽어주고는 캉팡 부인이 어쩌면 이 수수께끼를 풀 수 있을 것이라고 말했다. 그러나 캉팡 부인도 추리할 수 없었다. 왕비는 "이 편지는 간직할 필요가 없겠어."라고 말하며 촛불에 태웠다.

로앙 추기경은 왕비가 아무 말도 하지 않아 불안하고 보석상은 이자가 쌓여 불안한 가운데, 7월 29일 잔느 드 발르와가 추기경을 찾아왔다. 왕비가 당장은 40만 리브르를 지불할 수 없으나 10월 1일 70만 리브르를 줄 수 있겠다고 하니, 이 문제를 보석상과 협의해 보라고 말했다. 다음날인 7월 30일 아침 잔느 드 발르와는 지불 연기에 대한 이자라며 3만 리브르를 추기경에게 보내왔다. 로앙 추기경은 이 돈이 왕비가 보낸 것이라고 생각했다. 당일로 로앙 추기경은 보석상을 만나 이 돈을 주려 했으나 보석상은 거절하며 약속대로 당장 40만 리브르를 받아야겠다고 했다. 8월 3일 잔느 드 발르와는 자기 일을 성실히 봐주던 로트 신부를 바상주에게 보냈다. 로트 신부는 바상주에게 이렇게 말했다.

> 당신들은 속았습니다. 추기경이 보관하고 있는 보증서에 있는 왕비의 서명은 가짜입니다. 그러나 걱정하지 마시오. 로앙 추기경은 부자니까 그가 목걸이 값을 갚을 것입니다.

뵈머는 바상주로부터 이 말을 전해 듣자마자 베르사유 궁으로 달려가 왕비를 뵙기를 청했다. 그러나 알현하지 못하고 캉팡 부인의 전원주택을 찾아가 캉팡 부인을 만났다. 자초지종을 들은 캉팡 부인은 큰 목소리로 말했다.

> 당신은 속았어요! 왕비 마마는 로앙 추기경이 비인에서 돌아온 뒤 그에게 한 번도 말을 걸지 않으셨습니다. 궁중에서 로앙 추기경만큼 총애를 잃은 분도 없습니다.

바로 이날(8월 3일) 잔느 드 발르와는 비예트에게 4천 리브르를 주며 피신하라고 했다. 비예트는 한밤중에 마차를 타고 이탈리아를 향해 떠났다. 또한 이날 밤 잔느 드 발르와 부부는 로앙 추기경의 저택으로 피신했다. 잔느 드 발르와는 로앙 추기경이 나서서 거래를 성사시켰으므로 상황이 급하게 돌아가면 추기경이 갚을 것이라고 판단했다. 곧바로 도주하면 스스로 범인임을 자백하는 것이었다. 8월 4일 뵈머는 로앙 추기경의 집으로 오라는 전갈을 받았는데 사위인 바상주가 대신 갔다. 추기경은 자신이 왕비와 직접 거래를 했다고 확신한다고 말했다. 8월 6일 잔느 드 발르와 부부는 그녀의 고향에 마련해 놓은 저택으로 떠났다.

뵈머와 바상주는 곧바로 마리 앙투아네트에게 달려가 탄원하려 했으나 면담하지 못하고 8월 9일에야 면담할 수 있었다. 마리 앙투아네트는 뵈머에게 보고서를 작성하라고 명했다. 8월 12일 뵈머는 상세한 내용의 보고서를 왕비에게 전하고 왕비는 루이 16세에게 사건을 알렸다. 루이 16세는 왕실 대신(Secrétaire d'État de la Maison du roi)인 브르퇴유(Breteuil) 남작에게 사건을 조사하라고 했다. 8월 14일 일요일 첫 조사 결과가 나왔다.

8월 15일 성모 승천절을 맞아 베르사유 궁성에는 많은 사람이 몰려들었다. 로앙 추기경은 미사를 집전하러 추기경 복장을 하고 궁으로 왔다. 루이 16세는 브르퇴유 남작과 국새경(國璽卿, Garde des sceaux) 미로메닐(Armand Thomas Hue de Miromesnil)과 더불어 추기경을 기다렸다. 미로메닐 국새경은 신중히 일을 처리할 것을 주장했고 브르퇴유 남작은 추기경의 유죄를 확신하고 있었다.

정오에 루이 16세는 추기경을 자신의 집무실로 불렀다. 왕비 마리 앙투아네트는 슬프면서도 엄한 표정으로 옆에 앉아 있었다. 그리고 캉팡 부인도 있었다. 루이 16세가 물었다.

"그대가 뵈머에게서 다이아몬드를 샀소?"
"네, 폐하."
"그걸 어찌 했소?"
"그들이 왕비 마마에게 건네 드린 걸로 알고 있었습니다."
"누가 그대에게 그런 일을 맡겼소?"
"라 모드 발르와 백작 부인이 왕비 마마의 편지를 보여주기에 제가 그 일을 맡으면 왕비 마마의 호의를 얻을 수 있을까 생각했습니다."

이 말에 왕비는 격분해 말했다.

"도대체 당신이 어떻게 그런 생각을 할 수 있죠? 8년 전부터 말 한 마디 걸지 않았던 당신에게 내가 그런 협상을 맡기다니, 그것도 그런 여자의 중재로 말이에요!"
"이제 보니 제가 철저하게 속았다는 걸 알겠습니다. 제가 목걸이 값을 지불하겠습니다. 두 분 폐하를 기쁘게 해드리려던 욕심이 그만 제 눈을 흐렸나 봅니다. 전혀 속임수를 눈치 채지 못했으니 분할 따름입니다."

추기경은 지갑을 꺼내어 그 속에 든 종이 한 장을 루이 16세에게 건넸다. 왕비가 라 모트 백작부인에게 보냈다는 가짜 편지였다. 루이 16세는 편지를 유심히 들여다보다가 외쳤다.

"이건 왕비의 필적도 서명도 아니오. 어떻게 로앙 가문의 일

원이자 프랑스 궁중 사제장이라는 사람이 왕비가 '마리 앙투아네트 드 프랑스'라고 서명한다고 생각할 수 있소! (프랑스) 왕비는 세례명으로 서명한다는 사실을 모르는 사람은 없는데 말이오!"

루이 16세는 로앙 추기경이 뵈머에게 보낸 편지 사본을 건네주며 물었다.

"이 자에게 이런 편지를 쓴 일이 있소?"
추기경은 편지를 죽 훑어보고 대답했다.
"저는 쓴 기억이 없습니다."
"당신이 서명한 원본을 보여줘도 말이오?"
"그 편지에 제 서명이 있다면 제가 쓴 것입니다."
"그렇다면 이 이상한 일이 어떻게 일어났는지 전부 설명해 보시오. 나는 당신을 무턱대고 죄인으로 몰고 싶지는 않으니 우선 당신의 설명을 들어 봅시다.
뵈머에게 해 준 모든 조치, 보증, 이 어음 따위가 뭔지 말이오."

추기경이 창백한 얼굴로 말했다.

"폐하, 저도 지금 너무 혼란스러워 폐하께 어떻게 대답해야 좋을지 도무지 … "
"추기경, 그러면 집무실로 가시오. 거기 있는 종이, 펜, 잉크를 가지고 내게 할 말을 모두 적어보시오."

로앙 추기경은 15분 쯤 지나 다시 왔다. 루이 16세는 그가 쓴 글을 읽었는데 내용이 명확하지 않았다. 루이 16세가 준엄하게 말했다.

"이제 그만 물러가시오."

왕실 대신 브르퇴유 남작과 함께 왕의 집무실을 나왔다. 왕궁은 귀족들로 가득 차 있었다. 이때 "추기경을 체포하라."는 브르퇴유 남작의 말이 들렸다. 근위대 장교는 추기경을 그의 저택으로 호송했고 이어 바스티유로 호송했다.

사기 사건의 주동자인 잔느 드 발르와는 로앙 추기경이 체포되었다는 소식을 듣고 8월 17일에 듣고는 문제가 될 만한 서류들을 모두 불태웠다. 그리고 그 직후 체포되었다. 그러나 그녀의 남편 라 모트는 영국으로 도주했다. 레트 드 빌레트는 스위스 제네바에서 붙잡혔다. 왕비 역을 맡았던 매춘부 니콜 르게 돌리바는 남작부인 행세를 하고 있었는데 합스부르크 령인 브뤼셀에서 체포되었다. 그리고 사건과 무관한 이탈리아 출신의 허풍장이 사기꾼 칼리오스트로(Alessandro Cagliostro)도 체포되었다. 칼리오스트로는 다이아몬드 목걸이 사건이 세상에 알려지자 자신이 잔느 드 발르와가 로앙 추기경을 설득해 목걸이를 사는 것을 도와주었다고 떠들고 다녔다.

루이 16세와 마리 앙투아네트는 이 사건을 공개 재판에 넘기는 큰 실수를 저질렀다. 루이 16세는 프랑스 국왕의 특권인 봉인장(Lettre de cachet)을 발부해 비밀리에 이 사기 사건 관련자들을 처벌할 수도 있었다. 프랑스 국왕은 봉인장을 발부해 누구든지 재판 없이 투옥하거나 유폐, 국외 추방을 할 수 있었다. 14세기에 생긴 이 특권을 계몽주의자들은 맹렬히 비난했는데, 루이 16세는 봉인장의 폐단에 동의했으므로 정식 재판에 기대를 걸었다. 공정한 재판으로 왕비가 누명을 벗을 수 있다고 오판했다. 그러나 이 재판을 맡을 파리 고등법원(Parlement de Paris)은 공정한 재판과 거리가 먼 부패의 소굴이 된지 오래였고 귀족의 특권을 유지하기 위해 왕권과 개혁에 저항하고 있었다. 【Parlement de Paris를 영어로 옮기면 Parliament of Paris가 되는데, 이를 '파리 의회'로 오해하는 경우가 많다.】

최종 법정인 고등법원(Parlement)의 재판권은 본래 왕권에서 유래된 것이었다. 그러나 고등법원은 17세기 이래 자신들이 국민을 대표한다고 주장하며 왕권에 대항하는 정치 세력으로 떠올랐다. 고등법원은 법률 등록권(droit de d'enregistrement)이 있었고 등록 이전에 법령을 심의하고 수정할 권리도 있었다. 왕의 명령 및 외교 조약도 고등법원이 등록하지 않으면 법적 효력이 없었다. 고등법원은 처음에는 파리에만 설치되었는데 프랑스 영토가 넓어지고 소송 사건이 늘어남에 따라 지방에도 12곳이 설치되었다. 16세기부터 프랑스는 재정을 보충하기 위해 매관매직을 용인했는데, 판사직도 매매되었다. 17세기 초부터는 매매한 관직을 세습할 수 있었다. 따라서 국왕도 고등법원의 판사를 파면할 수 없었다. 관직을 사는 이들은 대개 상공업으로 부를 쌓은 부르주아였는데 관직을 세습할 수 있었으므로 이들은 귀족이 되었다. 고등법원 판사들은 왕이 새로이 세금을 징수하는 것을 반대하고 왕궁의 사치와 낭비를 세상에 알리기도 하여 국민의 인기를 얻고 있었다. 그러나 이는 자신들의 기득권을 유지하기 위한 술책이었을 뿐이었다. 루이 15세는 고등법원의 횡포에 분개하여 1771년 고등법원을 폐지했다. 그러나 루이 16세는 국민 여론을 존중한다며 즉위와 함께 고등법원을 부활시켰다. 파리 고등법원이 최고위 귀족 가문 출신인 로앙 추기경에게 유리한 판결을 내릴 것이라는 것은 쉽게 예상할 수 있었다.

그리고 루이 16세가 형사 사건의 피고인을 위해 만든 법령도 오히려 엄청난 부작용을 낳고 있었다. 1774년 3월 18일 루이 16세는 변호사가 작성한 사건 개요서는 일정한 조건을 갖추면 사전 검열을 받지 않아도 된다는 내용의 선언서를 공포했는데 3월 26일 고등법원이 등록하여 법령이 되었다. 피고인의 변호사는 재판이 진행되는 동안 피고의 결백을 주장하는 사건 개요서를 발간해 뿌릴 수 있었다. 재판이 끝날 때까지 검열을 받지 않았으므로 변호사는 의뢰인에 유리한 여론을 형성하기 위해 글재주를 부리는 일이 많았다. 화제가 되는 재판의 사건 개요서는 진실성 여부를 떠나 흥미로운 읽을거리였으므로 널리 읽혔다. 게다가 재판이란 의외로 여론의 - 여론이 옳고 그르든 - 영향을 많이 받는 법이다. 특히 정치적 성격이 큰 재판일수록 그렇다. 당시 여론은 무조건 왕비가 나쁘다고 보고 있었다.

파리 고등법원이 맡은 다이아몬드 목걸이 사건 재판은 9개월을 끌었는데 그 기간 동안 피고의 변호사들은 사건 개요서를 여러 차례 발간해 판매하거나 거저 나눠주었다. 1785년 12월 초 잔느 드 발르와를 옹호하는 사건 개요서 출판으로 파리는 야단법석이었다. 이 변호서는 왕비와 추기경이 성적으로 내통했으리라는 가정 하에 세세한 사항을 기술했고 왕비를 맹비난했다. 1786년 3월에 발간된 니콜 르게 돌리바를 위한 변호서는 2만부가 팔렸다. 대중은 피고들을 편드는 사건 개요서와 지하 언론의 각종 흑색선전물을 믿었다. 마리 앙투아네트가 로앙 추기경 등 피고인들을 이용하여 실제로 다이아몬드 목걸이를 샀다고 굳게 믿었다.

1786년 5월 30일 최후 심문이 있었다. 레토 드 비예트가 가장 먼저 판사들 앞에 섰다. 그는 목걸이 구입 계약서에 '마리 앙투아네트 드 프랑스'라고 썼다는 것을 인정했으나 왕비의 필적을 모방하려 애쓰지는 않았다고 주장했다. 로앙 추기경에 대해서는 몹시 불리한 진술을 했다.

잔느 드 발르와는 너무나 명백한 사실도 인정하지 않았고 역시 추기경에게 불리한 진술을 했다. 로앙 추기경이 왕비와 친근한 말투로 주고받은 편지를 200통 가까이 보았다고 주장했다. 로앙 추기경은 자신이 왕비의 호의를 되찾으려는 욕심에 눈이 완전히 멀었다고 말했다.

5월 31일 검찰총장 졸리 드 플뢰리는 피고들에게 다음과 같이 구형했다.

1. 레토 드 비예트는 프랑스 왕국에서 영원히 추방하고 재산을 몰수해 국고에 넣는다.

2. 니콜 르게 돌리바는 증거불충분으로 무죄 방면한다. 단 피의자는 왕비 마마의 역할을 대신하는 것에 동의했다고 추정할 수 있으므로 견책 후 무죄를 언도한다.

3. 알렉상드르 칼리오스트로는 완전히 무죄 방면한다. 4. 궐석 피고 마르크 앙투안 드 라 모트는 발가벗겨 형 집행인의 태형과 장형을 받게 하고, 오른쪽 어깨에 'GAL[갤리선]'의 낙인을 찍어 평생 갤리선에서 국왕 전하를 위해 노를 젓게 한다. 피고인의 재산은 몰수해 국고에 넣는다. 피고인은 재판정에 나오지 않았기 때문에, 이 판결문을 적어 그레브 광장에 게시한다.

5. 잔느 드 발르와 드 생 레미, 라 모트 백작부인은 발가벗겨 형 집행인의 태형과 장형을 받게 하고, 양 어깨에 'V[voleur : 도둑]'의 낙인을 찍어 여성용 감옥인 살페트리에르(Salpetriere) 요양원에 평생 가둔다. 모든 재산을 몰수한다.

6. 로앙 추기경은 일주일 후 본 법정에 나와, 자신이 프랑스의 왕비 마마를 베누스 숲에서 만날 거라고 생각하는 불경죄를 저질렀다는 사실, 또한 보석상들에게 왕비가 목걸이 거래에 관여하고 있다고 믿게 함으로써 그들을 속이는데 도움을 주었다는 사실을 공개적으로 선언한 뒤, 그 같은 사실을 후회하고 있다는 것과 국왕과 왕비께 용서를 구한다는 것을 공개적으로 선언하도록 한다. 또한 그가 맡은 모든 직책을 박탈하고, 특별 보시금을 내놓게 해 가난한 사람들에게 나누어 주고, 평생 왕궁에 드나들지 못하게 하며, 이 모든 명령이 집행될 때까지 감옥에 가둔다.

이날 밤 64명의 판사들이 내린 판결은 프랑스 국왕 부부에게 너무나 실망스러웠다. 로앙 추기경과 칼리오스트로는 무죄 판결을 받았다. 비예트와 라 모트, 잔느 드 발르와는 검찰총장이 구형한 대로 유죄 판결을 받았다. 6월 1일 밤 추기경과 칼리오스트로는 석방되었다. 사람들은 추기경의 저택 앞으로 몰려들어 축하했다. 6월 2일 아침에는 더 많은 사람들이 몰려들어 추기경이 모습을 드러내자 "파리 고등법원 만세!", "로앙 추기경 만세!"라고 외쳤다.

마리 앙투아네트는 판결 소식을 듣고 분노하며 캉팡 부인에게 프랑스에는 정의가 없다고 말했다.

> 이리 와요, 와서 심한 모욕을 당한 왕비, 패거리와 불의의 제물이 된 왕비를 동정해줘요. 그러나 나도 프랑스 여자로서 당신을 동정합니다. 왕비인 나마저 품위를 훼손한 사건에서 형평성을 갖춘 판사를 찾을 수 없는 판인데, 하물며 당신이 당신의 재산과 명예에 영향을 미치는 재판을 받게 된다면 무슨 희망을 걸 수 있겠어요?

루이 16세는 캉팡 부인에게 판결에 대해 다음과 같이 말했다.

> 왕비가 몹시 고통스러워하고 있소. 충분히 그럴만하오. 하지만 그들은(파리 고등법원의 판사들)은 그저 교회의 고위 성직자, 로앙 공작만 보려 하지. 사실 그 여자는 돈이 필요했던 탐욕스러운 인간에 지나지 않았는데. 이 모든 것은 땅을 파서 함정을 만들기 위한 수단에 지나지 않고, 결국 추기경이 그 속에 빠져 사기를 당했을 뿐인 것

을. 이보다 더 판단하기 쉬운 일이 있을까. 고르디우스의 매듭을 풀기 위해 알렉산더가 될 필요는 없소.

왕비는 가장 친한 사이인 폴리냑 공작부인(duchesse de Polignac)에게 비통한 심정을 편지로 써 보냈다.

> 사랑하는 폴리냑, 내게 와서 함께 울어주세요. 당신의 친구를 위로해주세요. 방금 나온 판결은 지독한 모욕입니다. 나는 고통과 절망의 눈물로 뒤범벅되어 있습니다. 사악한 사람들이 내 영혼을 구겨버릴 온갖 수단을 찾으려고 애쓰는 듯한 이때에 우리는 어떤 것도 기대할 수 없어요. 이 얼마나 허망한 일인가요.
> 그러나 나는 언제나 착하게 살려고 노력했고, 앞으로 세 배나 더 착해져서 악한 사람들을 이겨낼 것입니다. 그들은 나를 괴롭힐 수는 있겠지만 내가 복수에 나서도록 할 수는 없을 거예요.

잔느 드 발르와에 대한 처벌은 4대째 사형집행관인 샤를 앙리 상송(Charles-Henri Sanson, 1739~1806)이 맡아 집행했다. 그는 파리 고등법원 소속 사형집행관으로 1757년부터 직무를 수행했다. 상송은 잔느 드 발르와의 용모와 인상을 기록했다.

알맞은 몸집에 키는 보통인 여인이었으나 스타일은 무척 세련되었다. 말랐다기보다는 약간은 살집이 있는 느낌이었다. 얼굴 생김새는 조화를 잘 이룬 보기 좋은 용모여서 이목구비가 불균형하기는 했어도 부자연스런 인상을 주지는 않았다. 풍부하고 생동감 넘치는 표정이 무척 매력적으로 보이는 여성이었다. 코끝이 족제비처럼 뾰족했고, 크고 시원스러운 입매는 풍부한 표현력을 지닌 듯 했다. 눈동자는 놀라울 정도로 광채가 나 눈이 크지 않다는 것은 얼굴을 한참 관찰한 다음에야 알아챌 수 있었다. 풍성한 머릿결과 새하얀 피부, 섬세한 손발이 특히 아름다웠다.

다이아몬드 목걸이 사건으로 마리 앙투아네트는 그 많은 나쁜 별명에 덧붙여 '적자부인(Madame Déficit)'이라는 오명을 얻었다.

1787년 6월 잔느 드 발르와는 살페트리에르 감옥에서 탈출해 영국으로 도주했다. 잔느 드 발르와는 영국에서 대필하여 『라 모트 백작부인의 변명서』를 발매했다. 다이아몬드 목걸이 사건은 왕비와 추기경이 공모한 것이고 자신은 이용만 당했다는 것이었다. 책의 내용 중 최악은 자신과 왕비가 동성애 관계라며 그것을 묘사한 것이었다. "하느님 맙소사! 그 매혹적인 밤에 얼마나 매혹적인 쾌감을 경험했는지!" 이런 중상(中傷)은 마리 앙투아네트가 부도덕한 것이 아니라 사악하고 변태적이라는 대중의 믿음과 잘 맞아 떨어졌다.

마리 앙투아네트를 중상, 비방하는 팜플렛은 갈수록 내용이 심해졌다. 프랑스 민중 대부분이 이를 믿었으니, 마리 앙투아네트는 프랑스 국민에게 사람이 아니라 괴물이고 마녀였다.

프랑스 혁명이 나자 다이아몬드 목걸이 사건이 혁명의 직접적 원인이었다고 본 사람이 당대에 다수 있었다. 이 주장이 터

무너없이 들릴 수 있겠지만 민중 운동에서 정서나 심성이 차지하는 비중을 볼 때 일리 있는 말이다. 심오한 이론이나 원대한 미래의 비전보다는 단순한 논리와 상류층에 대한 파괴적 증오가 대중 운동의 동력이라는 점은 역사가 입증하고 있다. 루이 16세의 왕비 마리 앙투아네트는 프랑스의 모든 불행의 원천으로 간주되어 증오와 저주의 대상이 되었다.

그런데 마리 앙투아네트가 온갖 비난의 대상이 된 것은 루이 16세가 매우 성실한데다가 아내에 충실한 남자이기 때문이기도 했다. 유럽의 왕가와 귀족은 거의 모두 정략결혼을 했으므로 부부 사이에 애정이 있는 경우가 드물었다. 그러므로 부부가 모두 상대편이 애인을 두는 것을 묵인하는 일이 많았는데, 프랑스에서 특히 그러했다. 역대 프랑스 국왕은 빠짐없이 첩이나 정부가 다수 있었는데, 부르봉 왕조의 첫 번째 국왕 앙리 4세 때부터 이를 공식화하여 '공인 정부(公認 情婦, maîtresse-en-titre)'라고 했다. 왕비들은 고귀한 혈통이었으나 용모와 재능에서 이들의 상대가 될 수 없었다. 왕비는 공식 행사에서 늘 상석이었고 국왕의 총애가 식으면 그만인 공인 정부와 달리 안정적인 지위를 누렸다. 그러나 공인 정부는 왕실의 실질적 여주인 역할을 하는 궁정의 최고 스타였다. 공인 정부가 무도회나 각종 연회의 주인공이었고 당대 패션을 주도하였으며 왕에게 정치 청탁을 하는 일도 많았다. 루이 14세의 공인 정부로는 몽테스팡 부인(Madame de Montespan)이 유명하고 루이 15세의 공인 정부로는 퐁파두르 부인이 이름을 떨쳤다.

항상 화려하게 치장하고 궁정을 화려하게 만드는 공인 정부가 있으면 세간의 눈은 그녀에게 집중되므로 궁정 스캔들이나 왕실의 사치도 대개 공인 정부 탓이 된다. 공인 정부는 알게 모르게 왕비를 세간의 비난으로부터 보호하는 역할을 했다. 그러나 마음 속 깊이 카톨릭을 신봉하는 루이 16세는 기독교 윤리를 엄격히 지켰으므로 애인이 한 명도 없었다(루이 14세는 긴 치세 동안 모두 합쳐 정부를 15명 두었다 루이 15세 역시 정부가 15명이었다.). 이는 왕비가 세상의 이목을 한 몸에 받고 공인 정부가 하던 역할도 수행해야 하는 것을 뜻했다. 루이 16세에게 공인 정부가 있었다면 다이아몬드 목걸이 사건도 그녀 탓이 되어 왕비 마리 앙투아네트는 타격을 받지 않을 수도 있었다. 루이 16세에게 정부가 없었던 것은 긍정적으로 평가할 일이나 오히려 왕실의 위신을 떨어뜨리는 결과를 낳았다.

💎 바스티유 습격

1786년 8월 국가 재정의 실상을 보고받은 루이 16세는 면세 특권을 보유한 귀족과 성직자들에 세금을 부과하여 위기를 타파하려 했다. 그러나 고등법원은 여러 차례 조세 개혁안을 거부하였다. 이에 1788년 4월 루이 16세는 고등법원을 무력화하려 국왕전권 재판소를 설치하여 왕의 명령과 법령을 일체 이곳에서 등록시키게 했다. 이에 전국의 고등법원이 파업을 일으켰고 민중을 선동하였다. 이에 따라 지방 곳곳에서 폭동이 일어났고 군대와 충돌했다. 도피네 지방의 삼부회(三部會)는 전국 삼부회(États généraux)가 소집되지 않는 한 국왕에 세금을 내지 않기로 결의했다. 도피네 삼부회의 결정은 전국으로 파급되었다. 이에 8월 8일 루이 16세는 난국을 타개하려 전국 삼부회를 소집하기로 결정했다. 소집일은 1789년 5월 1일이라고 공고했다. 8월 25일 루이 16세는 네케르(Jacques Necker)를 재무부장(Directeur général des finances)으로 임명하였다. 2일 후에는 네케르에게 국무장관(Ministre d'État) 직위도 주었다. 이 두 직위는 전례가 없는 것이었다. 그리고 루이 16세는 네케르의 요구에 따라 국왕전권 재판소를 폐지하고 고등법원의 기능을 회복시켰다.

1789년 1월 전국 삼부회 대의원을 뽑는 선거 규칙이 공포되고 봄에 선거가 실시되었다. 1788년 심각한 흉년이 들어 농민들의 불만이 커졌고, 겨울이 너무 추워 파리 시내의 토목 공사가 중지되었으므로 파리에 와서 건설 노동으로 생계를 유지하던 많은 평민이 실업상태였다. 프랑스 수도 파리에는 자신의 능력을 시험해보려 전국에서 몰려온 젊은 지식인들로 넘쳐났는데, 이들은 카페에서 커피를 마시며 계몽주의 사상을 민중에게 전파했다.

1789년 4월 19일 사형집행관 샤를 앙리 상송은 베르사유 궁성에서 처음으로 루이 16세를 알현했다.

사형집행관은 급료가 지급되지 않는 대신 시장 상인들에게 현물 조세징수의 특권이 있어 많은 수입이 보장되는 자리였으며 귀족처럼 면세 특권도 있었다. 그러나 본질은 '망나니'였으므로 사회적으로는 극히 천시되었다(조세징수를 둘러싸고 시장 상인들과 사형집행관은 자주 충돌하여 1721년 사형집행관의 현물 조세징수 특권은 폐지되었고 연봉제로 바뀌었다). 게다가 사형집행관은 시민권도 없었다. 그러므로 결혼도 사형집행관 집안 사이에서 이루어지는 것이 보통이었다. 그러나 상송은 두 번째 결혼에서는 운 좋게도 평범한 농부의 딸 마리안느 쥐지에(Marianne Jugier)를 신부로 맞이할 수 있었다. 상송은 젊은 시절 시간이 날 때마다 파리 북쪽으로 사냥을 나갔는데, 돌아오는 길에는 친분이 있는 농부 쥐지에의 집에 들러 잠시 쉬곤 했다. 그의 큰 딸 마리안느는 수줍을 잘 타고 상냥하여 상송의 마음에 들었다. 마리안느는 상송의 청혼을 받아들여 1765년 몽마르트르의 성 베드로 성당에서 결혼식을 올렸다. 신부 나이 32세, 신랑의 나이 26세였다.

　상송 가문은 부업으로 의업에도 종사했다. 사형을 집행한 다음 사체를 인수해갈 사람이 없는 경우 매장할 때까지 사형집행관이 관리하였으므로 해부를 하여 인체 구조를 정확히 알 수 있었다. 해부를 통해 얻은 지식은 문서로 기록되어 자손에게 전해졌다. 상송 가문의 의술은 매우 뛰어나 다른 의사들이 포기한 환자도 고치는 일도 있었다. 많은 귀족이 상송 가문에게 치료를 받았다. 상송 가문은 가난한 사람들에게는 치료비를 받지 않았다. 또한 파리 교외의 빈민들에게 정기적으로 빵을 나눠주기도 했다. 그러므로 상송 가문에 고마워하는 파리 빈민이 많았다.

　상송 가문은 의료 수입과 국가로부터 받는 봉급을 합한 소득이 엄청났다. 그러므로 샤를 앙리 상송의 부친으로 3대째 사형집행관이었던 샤를 장 바티스트 상송(Charles-Jean-Baptiste Sanson)는 광활한 정원이 딸린 저택을 마련하여 귀족 못지않은 생활을 영위했다. 그러나 부양할 사람이 많아 지출도 많았다.

조수를 비롯한 고용인이 30명 정도 있었으며 그에게 교육을 받는 지방 사형집행인의 아들들도 뒷바라지해야 했다.

샤를 앙리 상송은 사형집행관 직무를 수행하면서 사형제에 회의하게 되었고, 사형수가 마지막 순간에도 쓸데없이 고통을 받지 않도록 신경 썼다. 그러므로 루이 16세가 두 번에 걸쳐 고문을 폐지하라는 왕명을 내린 것에 감사했다. 루이 16세 즉위 이래 사형 판결도 감소하고 있었는데, 상송은 이런 국왕을 우러러 보았다.

상송이 국왕의 알현을 요청한 것은 지난 2년간 봉급이 한 푼도 지불되지 않았기 때문이었다. 국가 재정 위기가 사형집행관의 봉급에도 영향을 미치고 있었다. 빚쟁이에게 시달리던 상송은 13만 6천 리브르의 봉급을 처리해 달라는 요청서를 제출하고는 국왕을 직접 만나 하소연하려 했다. 당시에는 채무를 갚지 못하면 구속당하는 일이 많았다. 루이 16세는 국가 재정 상 당장 지불은 어렵다며 잠시 기다려 달라고 말했다. 상송이 채무자에게 시달려 가족의 안위가 위협당하고 있다고 말하자 루이 16세는 시종에게 상송의 신변을 보장하는 문서를 작성하게 하였다.

루이 16세와의 면담이 끝나자 시종이 상송을 출구로 안내했다. 출구를 향하다가 상송은 계단에서 마리 앙투아네트와 루이 16세의 여동생 엘리자베스를 볼 수 있었다(엘리자베스는 루이 16세보다 10세 어린데 결혼을 거부하여 베르사유 궁성에 머물렀다. 오빠에게 헌신적인 엘리자베스는 외국의 왕자와 결혼해 프랑스를 떠나기가 싫었다). 상송은 시종에게 진지하게 말했다.

어느 쪽 분이 더 존엄이 넘치시는지 잘 모르겠지만 왕비마마가 지상 최고의 공주와 같은 모습이라면 엘리자베스 마마는 천상의 공주라고 해도 손색이 없는 자태입니다.

1789년 5월 5일 베르사유 궁성에서 삼부회가 개막하였는데, 이는 1614년 이후 처음 열리는 것이었다. 제1신분인 성직자 대표는 303명, 제2신분인 귀족 대표는 291명, 제3신분인 평민 대표는 610명이었다. 제3신분 대의원 가운데 절반 정도가 법률전문가였는데, 이 가운데 변호사 로베스피에르도 있었다. 1769년 루이 대왕 학교에 입학한 로베스피에르는 로마 공화정을 이상으로 보게 되었고 루소의 저술에 심취했다. 1780년 7월에는 법학학사 학위를 받았고 1781년 12년의 교육을 마치고 졸업했다. 고향 아라스(Arras)로 돌아가 변호사가 되었는데, 1782년 3월에는 아라스 주교에 의해 형사재판의 판사가 되었다. 그러나 곧 사형선고를 내리는 것에 회의하여 판사 일을 그만두었다. 변호사로서 성공하였는데 빈민을 옹호하여 아라스에서 명망이 높아졌다.

이날 루이 16세 부부는 생 루이 성당에서 예배를 보았다. 이날 낭시의 주교 라 파르가 루이 16세에게 항의했다.

> 폐하, 폐하께서 다스리는 백성들은 그들의 인내심을 명백히 입증했습니다.
> 이들은 살아있다는 사실이 더 긴 고통을 뜻할 뿐인 순교자 백성입니다.

주교가 궁정의 사치를 비난하자 모두가 왕비를 바라보았다. 주교가 '자유'라는 어휘를 언급하자 우레 같은 박수갈채가 터졌다. 루이 16세는 베르사유 궁성으로 돌아가면서 혼잣말을 했다.

> 저들은 자유를 원하고 있어. 도대체 '자유'가 무엇이라는 건가? 나는 어느 누구도 억압한 적이 없는데.

루이 16세는 분명히 이런 말을 할 자격이 있었다. 자신과 왕비에 대해 무수한 중상모략, 음란 팸플릿이 나왔어도 언론 검열을 강화하지 않았으니. 구체제에 대한 통렬한 풍자극인 《피가로의 결혼(Le mariage de Figaro)》 공연을 허가해달라고 간청한 이는 왕비 마리 앙투아네트였고 처음 반대하던 루이 16세도 허가한 다음에는 베르사유 궁성에서 《피가로의 결혼》을 관람하고 즐겼다.

피가로의 결혼(Le mariage de Figaro)

프랑스의 외교관, 시인, 음악가, 극작가인 보마르셰(Beaumarchais)가 1778년에 쓴 5막 산문희극이다.
1784년 극장 코메디 프랑세즈에서 초연되었다. 《세비야의 이발사(Le Barbier de Sville)》(1775)의 속편으로 등장인물도 같다. 정

> 치풍자와 심리묘사를 가미한 시민극이다.
> 전에는 이발사였지만 지금은 알마비바(Almaviva) 백작의 하인이 된 피가로와 백작의 시녀 쉬잔(Suzanne)과의 결혼이 주제이다. 백작과 백작부인은 애정이 식어 서먹서먹해지고 백작은 쉬잔을 짝사랑하여 밀회를 요구한다. 서로 사랑하는 사이인 쉬잔과 피가로는 백작부인을 자기편으로 만들어 갖가지 술책을 써서, 백작의 바람기를 물리치고 혼내주며 순조롭게 부부가 된다는 줄거리이다.
> 제5막 제3장의 피가로의 긴 독백(獨白)은 프랑스 대혁명 직전의 당시의 구체제에 대한 비판으로서 유명하다. 이 작품은 루소와 볼테르의 저술과 더불어 프랑스 혁명을 준비한 작품의 하나로 인정되었으며, 구체제의 귀족과 성직자 등 특권계급에 대한 민중의 분노를 대변하는 명작이다. 오늘날에도 여러 나라에서 자주 상연된다. 모차르트가 작곡하여 1786년 비인에서 상연한 동명의 오페라가 있다.

표결을 어떻게 할 것인가가 삼부회 운영에 있어서 가장 중요한 이슈였다. 제3신분은 신분 별 표결이 아닌 머리수로 표결할 것을 주장하여 이 문제로 삼부회는 7주를 보냈다.

6월 4일 병약했던 태자 루이 조셉이 결핵으로 사망했다. 채 8세가 되지 않은 나이였다. 국왕 부부는 비탄에 잠겼다.

6월 13일 그 동안 독자적으로 모임을 갔던 제3신분 대의원들은 스스로를 국민의회(Assemblée nationale)라 불렀다. 6월

17일 국민의회는 장 실뱅 바이(Jean Sylvain Bailly)를 국민의회 의장으로 선출했다. 수학자에 천문학자인 바이는 파리에서 제3신분 대의원으로 선출되었다. 국민의회는 영국식 의회 개설을 주장하였다.

6월 20일 국민의회를 구성한 제3신분 대의원들은 실내 테니스 코트에 모여 헌법이 제정되기 전에는 해산하지 않겠다고 서약했다. 6월 22일 루이 16세는 스와송(Soissons)에 주둔한 스위스 근위연대(régiment des Gardes suisses)에게 26일까지 파리로 오라고 명령했다.

6월 23일 루이 16세는 삼부회에 나아가 자신이 추진하는 개혁 프로그램을 말하고는 대의원들에게 신분 별로 토의하라고 명령하고 퇴장했다. 제2신분 대의원들은 이에 따랐고 제1신분 대의원들도 일부 하급 성직자를 제외하고는 명령에 따랐다. 그러나 제3신분 대의원들은 응하지 않고 침묵하며 1시간 정도 자리를 지켰다.

드뢰브레제 후작(marquis de Dreux-Brézé) 앙리 에바르(Henri-Évrard)가 루이 16세가 서명한 해산 칙령을 가지고 와서 국민의회 의장 바이에게 해산을 권유했다.

바이는 이렇게 응대했다.

> 국민의회는 그 명령을 받아들일 수 없소
> La Nation assemblée ne peut recevoir d'ordre.

뒤이어 미라보(Honoré Gabriel Riqueti, de Mirabeau)가 말했다.

> ······ 당신에게 우리를 여기서 나가게 하라는 임무가 주어졌다면, 폭력을 쓰라는 (국왕의) 명령을 요구해야만 한다는 것을 선언하오. 왜냐하면 우리는 총검의 힘에 의해서만 이 자릴 떠날 것이기 때문이오.
>
> ······ je vous déclare que si l'on vous a chargé de nous faire sortir d'ici, vous devez demander des ordres pour employer la force ; car nous ne quitterons nos places que par la puissance des baïonnettes.

미라보의 말에 국민의회 대의원들의 환호성이 터졌다. 그런데 미라보는 옆 사람 쪽으로 몸을 숙여 작은 소리로 속삭였다. "그러다가 혹시 정말로 총검이 오면 그땐 전부 도망가는 거지."

6월 25일 성직자 대표 다수와 귀족 대표 47명이 국민의회에 가담하였다. 이 가운데 루이 15세의 섭정이었던 오를레앙 공작 필립 2세의 손자인 오를레앙 공작 루이 필립(Louis-Philippe-Joseph d'Orléans)도 있었다. 그는 루이 16세와는 10촌인데 계몽주의 사상을 후원하고 있었다. 전국적으로 국민의회에 대한 지지 성명이 발표되었다.

6월 26일 루이 16세는 왕실 근위대인 프랑스 근위연대(régiment des Gardes françaises)에게 이동 명령을 내렸다.

6월 27일 루이 16세는 제1신분과 제2신분도 국민의회에 들어가라 명령하여 국민의회를 추인하였다. 국민의회는 7월 9일 제헌국민의회(Assemblée nationale constituante)로 개칭하여 입헌 체제 수립에 착수했다. 제헌국민회의 의장으로 무니에

(Jean Joseph Mounier)가 선출되었다.

7월 11일 루이 16세는 제3신분에 동조하는 네케르를 파면하였는데, 이는 그가 국가 채무에 대한 부정확한 보고서를 작성하고 이를 공개했기 때문이었다. 루이 16세는 또한 모든 대신들을 교체했다.

다음날인 7월 12일 일요일 아침에 네케르 해임 소식이 전해지자 파리의 부르주아와 민중은 이를 보수파의 쿠데타가 시작되었다는 신호라 보았다. 그리고 파리와 파리 인근에 주둔한 왕실 근위대인 프랑스 근위연대와 스위스 근위연대가 제헌국민의회를 폐쇄할까 두려워했다.

파리의 팔레 르와이얄 광장(Jardin de Palais Royale)에 1만이 넘는 군중이 몰려들었다. 정오 무렵 이름 없는 변호사이자 언론인인 데물랭(Camille Desmoulins, 1760~1794)이 카페의 테이블에 올라가 한 손에 권총을 쥐고 다음과 같이 선동했다.

> 시민여러분! 시간이 없습니다. 네케르 해임은 애국자들을 죽이려는 성 바르돌로뮤 학살의 종이 울린 것입니다! 바로 오늘 밤 모든 스위스와 독일 용병 부대가 샹 드 마르스(Champ-de-Mars) 연병장을 떠나 우리 모두를 학살할 것입니다.
> 이제 무기를 드는 수밖에 없습니다!

데물랭은 로베스피에르와 루이 대왕 학교 동창이고 친구였다. 군중은 극장이 밀집한 구역을 통과해 대로를 따라 서쪽으로 행진했다. 방돔 광장(Place Vendôme)과 튈르리 궁 사이에서 왕실 독일 기병연대(régiment Royal-Allemand cavalerie)와 충돌해 몇몇 부상자가 나왔다.

  7월 13일 아침 6시 굶주린 군중은 생 라자르(Saint-Lazare) 수도원을 습격했다. 생 라자르 수도원과 바스티유 요새에는 곡식이 많이 저장되어 있다는 소문이 파리에 나돌고 있었기 때문이었다. 아침 8시 제3신분 대표를 선출한 파리의 부르주아 계급 출신 선거인들(electeurs)이 시청에 모였다. 이들은 시 당국을 대신해 시정을 운영할 영구 위원회(comité permanent)를 세우기로 결정하고 무질서를 바로잡겠다며 4만 8천명으로 이루어진 '부르주아 민병대' 설립을 결의했다. 파리 시장 플레셀(Jacques de Flesselles)은 강압에 못 이겨 이를 승인했다. 군중은 민병대에 필요한 무기를 얻으려 가르드 뫼블(Garde-Meuble)을 습격했다. 그러나 이곳에 저장된 무기는 매우 구식이었다. 오후 5시 선거인 대표단이 파리의 부상군인 요양 치료소인 앵발리드(hôtel des Invalides)로 가서 무기를 요구했으나 거절당했다.

  7월 14일 아침 10시 8만에 가까운 군중이 앵발리드를 습격하였다. 불과 몇 백 미터 떨어진 샹 드 마르스 연병장에는 왕실 독일 기병연대, 스위스 근위연대, 포병연대가 주둔하고 있었다. 이들의 사령관 브장발(Pierre-Victor de Besenval) 남작은 병사들이 소요 군중을 진압하지 않으려는 것을 알고 생 클루 궁전과 세브르로 부대를 이동하기로 결정했다. 앵발리드를 습격한 군중은 3~4만 정에 이르는 소총과 대포 20문, 박격포 1문을 얻었다. 그러나 탄환과 포탄, 화약이 없었다. 10시 30분 선거인 대표단이 바스티유 요새로 향했다. 이들은 '부르주아 민병대'에 필요한 화약과 포탄을 달라고 요구했다. 바스티유 요새 사령관인 로네(Launay) 후작 베르나르 르네 주르당(Bernard René Jourdan)은 이들에게 식사를 대접하며 환대했으나 요구는 거절했다. 11시 30분 2차 선거인 대표단이 바스티유 요새로 향했다. 이들도 같은 요구를 했다. 앵발리드를 습격해 무기를 얻은 군중이 탈취한 대포 5문을 이끌고 바스티유에 집결하였다. 이때 바스티유 요새를 지키는 병력은 82명의 늙은 퇴역 군인과 스위스 근위대에서 차출한 척탄병 32명이 전부였다.

　군중에 가담한 병사들이 대포를 다루었는데 바스티유 요새 정문을 향해 발사했다. 폭발음이 나자, 이를 바스티유 요새 사령관의 공격 신호로 오인한 군중은 바스티유 요새 내로 진입하려 했다. 오후 1시 30분 바스티유 수비대가 발포하기 시작했다. 오후 2시 3차 선거인 대표단이 바스티유로 향했다. 로네 후작은 면담을 거절했다. 요새를 포위한 군중 가운데 일부가 이 대표단을 억류했다. 이로서 협상으로 문제가 해결될 가능성은 사라졌다.

　오후 3시 30분 프랑스 근위연대 소속의 병사 61명이 대포 5문을 가지고 바스티유에 나타났다. 이들은 요새의 정문과 도개교(渡開橋)를 포격했다. 오후 5시 항복하면 죽이지 않겠다는 약속에 바스티유 요새는 항복했다. 바스티유 요새 공방전에서 군중은 98명이, 수비대에서는 1명이 전사했다. 바스티유 수비대는 포로가 되어 파리 시청으로 끌려갔다. 르네 후작은 도중에 무수히 구타를 당했다. 시청 밖에서 군중이 어떻게 처리할 것인지 논의를 시작하였는데, 르네 후작은 고통을 못 이겨 "그만! 나를 죽여라!"라고 외치며 뒬레(Dulait)라는 이름의 제과 요리사의 사타구니를 발로 찼다. 군중이 칼로 난자하여 르네 후작을 죽였는데, 데스노(Desnot)라는 10대 요리사가 나이프로 머리를 잘라 창끝에 꽂아 전시했다. 르네 후작 이외에 바스티유 수비대 장교 3명이 학살되었다. 파리 시장 플레셀도 바스티유 수비대와 내통했다는 혐의로 시청 계단에서 사살되어 그 머리가 창끝에 매달렸다. 파리 시정을 맡게 된 영구 위원회는 무장한 민중을 통제하기 위해 민병대인 국민 방위대(Garde nationale)를 결성했다.

파리 시민은 국왕의 반격이 있을 것이라 보고 파리 시내 곳곳에 참호를 파고 바리케이드를 세웠다. 그러나 내전을 우려한 루이 16세는 이날 저녁 6시 파리에 주둔한 모든 군부대에 파리에서 철수하라는 명령을 내렸다(이때 루이 16세는 바스티유가 함락된 것을 몰랐다).

7월 15일 아침 8시 잠에서 깬 루이 16세는 로슈푸코 공작(duc de La Rochefoucauld-Liancourt)으로부터 바스티유 요새가 함락되었다는 소식을 들었다. 이날 파리의 시민 계급은 계몽 사상을 신봉하는 리버럴한 성향의 라파예트 후작을 국민 방위대 사령관으로 선출했다. 이날 밤 늦게 베르사유 궁성에서 열린 회의에서 브르퇴유 남작은 메츠(Metz)로 피신할 것을 주장했다. 그러나 내전의 가능성과 오를레앙 공작의 찬탈을 우려한 루이 16세는 이를 거부했다.

7월 16일 루이 16세는 네케르, 몽모랭, 생 프리스트 백작(Comte de Saint-Priest) 등 7월 11일 파면한 대신들을 복직시켰다. 이날 루이 16세의 둘째 아우 아르투아 백작 샤를 필립은 루이 16세의 명령에 프랑스를 떠나 해외망명을 갔다. 그러나 첫째 아우인 프로방스 백작과 여동생 엘리자베스는 거부하고 베르사유에 머물렀다.

7월 17일 루이 16세는 파리로 향했다. 파리 시민에게 현실을 인정한다는 것을 보여주기 위해서였다. 그가 감금되거나 살해당할까 우려한 왕비는 가지 말라고 매달렸으나 루이 16세는 단호하게 말했다.

> 아니, 그렇지 않소! 나는 파리로 갈 것이오. 한 사람의 안전을 위해 다수가 희생되어서는 안 될 것이오. 나는 나 자신을 버리오. 나 자신을 나의 백성에게 맡기니, 그들은 나를 원하는 데로 처리할 수 있소.

루이 16세는 자신이 베르사유에 부재하는 동안 첫째 아우 프로방스 백작이 국왕대행을 하도록 했다. 루이 16세가 파리 시청을 방문하자 새로이 파리 시장이 된 바이가 혁명의 상징인 삼색휘장을 달아주었다.

7월 20일 파리의 60개 구(district)는 각 2명의 대표자를 뽑아 120명으로 구성된 시의회가 세워졌다. 이 파리 시의회는 흔히 파리 코뮌(Commune de Paris)으로 불린다.

한편 7월 하순부터 8월 초까지 프랑스의 농민들은 귀족이 자신들을 탄압할 것이라는 소문에 '대공황(La Grand Peur)' 상태에 빠져 자위대를 조직하고 일부는 영주를 습격했다. 전국적으로 농민의 소요가 심각하자 농민을 달래려 제헌국민의회는 8

월 4일 봉건제를 완전히 폐지한다고 선언했다. 이는 제1신분인 성직자의 십일조 징수권, 제2신분인 귀족의 영주권을 인정하지 않음을 의미했다.

8월 26일 제헌국민의회는 전문(前文)과 17조로 구성된 '인간 및 시민의 권리선언(Declaration des Droits de l'Homme et du Citoyen)'을 채택했다. 이는 자연법 사상의 영향을 받은 것으로 인권은 장소와 시간을 초월하여 보편적임을 선언하였다. 이중 중요한 1조와 3조는 다음과 같다.

제1조, 인간은 권리에 있어 자유롭고 평등하게 태어나고 죽는다. 사회적 차별은 공공이익을 근거로 해서만 있을 수 있다.

제3조, 모든 주권의 원리는 본질적으로 국민에게 있다. 어떠한 단체나 개인도 국민으로부터 명시적으로 유래하지 않은 권력을 행사할 수 없다.

이 선언은 라파예트의 초안에 기초한 것이었는데, 2대 프랑스 주재 미국공사 토마스 제퍼슨이 라파예트가 초안을 작성하는 것을 도왔다. 초대 프랑스 주재 미국공사 벤자민 프랭클린의 뒤를 이어 1785년 프랑스에 온 토마스 제퍼슨은 프랑스 혁명을 열렬히 환영했다(제퍼슨은 이 해 귀국해 초대 미국 국무장관이 되었고 1800년 3대 미국 대통령으로 당선되었다).

◈ 민중에 의한 국왕의 강제 천도

군부대 철수 이후 베르사유 궁성을 지키는 병력은 왕을 근접 경호하는 가르드 뒤 코르(Garde du Corps)와 100명의 스위스용병(Cent-Suisses) 부대뿐이었다. 이 두 부대는 병력이 너무 적었고 훈련도 부족했다. 이에 9월 하순 왕실 대신 생 프리스트 백작은 왕에 충성하는 정규군 부대인 플랑드르 연대(régiment de Flandres)를 베르사유로 불렀다.

10월 1일 베르사유 궁성을 지키는 장교들은 플랑드르 연대 장교들을 위해 베르사유 궁성의 오페라 하우스에서 연회를 베풀었다. 이것은 군부대가 주둔지를 바꿀 때 베푸는 관례였다. 국왕 부부는 이 연회에 잠시 모습을 드러냈다. 플랑드르 연대 병사들은 베르사유 궁성 정원에서 축배를 들며 왕에 대한 충성을 맹세했다. 아르투아 백작 경호대의 의사로 활동하던 마라(Jean-Paul Marat, 1743~1793)가 필봉을 휘두르는 일간지 《인민의 옹호자(L'Ami du peuple)》와 여러 선동적인 신문은 이 연회를 주지육림의 환락이었다고 대서특필하며 맹공했다. 물자 부족으로 시달리는 파리의 빈민은 이 보도에 격분했다.

10월 5일 아침 파리 생 안투안느(Saint Antoine) 구역의 여자 생선장수들이 빵을 구할 수 없는 것에 항의하여 시위행진을 시작했다. 식칼, 쇠스랑, 빗자루, 집에서 만든 무기 등을 들고 합세하는 부녀자가 점점 늘어났고 이들은 선동가들의 선동에 따라 파리 시청으로 갔다. 시청을 에워싼 군중은 6천이 넘었으나, 시청을 지키는 파리 국민 방위대원은 소수였다. 군중은 시청을 약탈하여 먹을 것과 무기를 얻었다. 바스티유 습격에 가담했던 메야르(Stanislas-Marie Maillard)가 군중에게 "베르사유로!"라고 외쳤다. 메야르가 군중을 인도하여 베르사유로 향했는데, 시청에서 약탈한 대포 여러 문도 가지고 갔다. 행진함에 따라 합세하는 자가 늘어났다. 시위 군중은 국왕을 파리로 돌아오게 하고 왕비를 죽여야 한다고 떠들었다. 특히 여자들이 다투어 악담을 퍼부었다 : "이 칼로 그년의 배를 가른 다음 팔을 쑥 집어넣어서 심장을 뽑아내면 속이 후련하겠어!" "나는 엉덩이를 베어 오겠어!" "나는 창자를 갖겠어!"

한편 시청이 포위되었다는 소식을 들은 국민 방위대 사령관 라파예트 후작은 국민 방위대원 수천을 이끌고 시청 인근의 그레브 광장에 도착했다. 국민 방위대는 전반적으로 시위 군중과 같은 심정이었다. 선동가들이 이들에게 합세하라고 선동했는데, 라파예트는 이들의 마음을 돌릴 수 없었다. 파리 시의회는 이들이 이탈하여 무정부적인 폭도가 되는 것보다는 낫다며 라파예트에게 이들을 지도할 것을 권했다. 파리 시의회는 또한 민심을 달래기 위해 국왕이 자발적으로 파리로 와줄 것을 요청하라고 라파예트에게 말했다. 라파예트는 기병을 베르사유로 보내 파리 상황을 전하게 했다. 이때가 오전 11시였다. 라파예트는 국민 방위대가 군사 반란 상태인 것을 고려하여 왕을 보호하기 위해 선두에 서기로 했다. 오후 4시 가을비가 내리는 가운데 1만 5천의 국민 방위대와 뒤늦게 온 수천의 군중이 베르사유를 향해 출발했다.

이날 오전 제헌국민의회는 루이 16세가 8월 4일과 27일의 결의에 대한 승인을 지연시키는 것에 대응하여 "헌법적 권력은 왕권 위에 있다. 그러므로 왕은 헌법에 반대할 권한이 없다"고 결의하였다. 이는 왕의 거부권을 헌법이 아닌 일반 법률에 적용되는 것으로 한정한 것이었다. 의회는 이어 "의장은 곧 왕에게 달려가 왕의 승인을 즉각 요구할 것"을 결의하였다.

메야르가 인도한 군중은 오후 4시 무렵 베르사유에 이르렀는데 곧 제헌국민의회로 난입했다. 로베스피에르 등 몇몇 의원은 이들을 따듯이 맞아주었다. 로베스피에르가 부녀자들의 어려움을 동정하자 제헌국민의회에 대한 군중의 반감이 많이 누그러졌다. 제헌국민의회 의장 무니에 등 의원 대표단은 여성 대표 6명과 더불어 루이 16세를 만나러 베르사유 궁성으로 들어갔다. 오후 5시 30분 의원 대표단은 루이 16세를 만나 8월의 두 선언을 받아들일 것을 강요했다. 루이 16세는 거절하고 5시 45분 여성 대표를 만났는데, 그 어려운 형편을 동정했다. 왕실 창고의 식량을 분배하기로 약속하자 여성 대표 6인은 감격하여 "국왕 만세!(Vive le Roi!)"라고 외쳤다.

긴장된 분위기가 누그러진 가운데 베르사유 궁성의 철문을 지키는 플랑드르 연대는 베르사유 궁성 정원의 한쪽 끝으로 물러나라는 명령을 받았다. 일부 군중은 목적을 달성했다며 파리로 돌아갔다. 그러나 군중 대부분은 왕비가 왕을 강압하여 약속을 깰 것이라는 소문을 믿고 궁성 바깥에 머물렀다. 측근들과 의논한 루이 16세는 저녁 6시 경 봉건제 폐지 선언과 '인간 및 시민의 권리선언'을 승인한다고 발표했다.

이날 밤 10시 무렵 국민 방위대와 군중이 베르사유에 도착하였다. 라파예트는 국민 방위대를 뒤에 남기고 제헌국민의회를 찾아 어떤 조치를 취할지 논의했다. 이어 베르사유 궁성으로 들어가 루이 16세를 만났다. 국민 방위대와 시위대는 같이 밤을 새며 연대의식을 가졌다. 일부 군중은 라파예트가 베르사유로 행진하기를 거부했으며 느리게 행진했다고 비난했다.

10월 6일 아침 5시 라파예트는 베르사유 궁성을 나와 친척인 노아이유 백작 가문의 집에서 잠을 청했다. 아침 6시 경 베르사유 궁성 밖에 진을 치고 있던 군중 가운데 한 무리가 궁성의 문 가운데 하나에 경비가 없다는 것을 알았다. 이들은 궁전 내부로 침입해 왕비의 침전까지 난입했다. 왕비는 살해될 뻔 했다. 스위스 경비병이 이들을 막는 사이 마리 앙투아네트는 잠옷바람에 맨발로 루이 16세의 침전으로 피신했다. 경비병 2명을 죽인 폭도는 그 머리를 창끝에 꽂았다.

라파예트는 잠에서 깨어 국민 방위대원 몇 명을 데리고 서둘러 궁성으로 들어갔다. 그는 군중에게 말을 건네라고 루이 16세를 설득했다. 루이 16세와 라파예트가 발코니에 모습을 드러내자 "국왕 만세"를 외치는 함성이 울렸다. 루이 16세는 '나의 선량하고 충직한 백성들의 애정에' 응하여 파리로 가겠다는 뜻을 말했다. 환호성이 울리는 가운데 라파예트는 국왕에 가장 가까이 있는 경호원의 모자에 혁명을 상징하는 삼색휘장을 꽂았다. 루이 16세가 물러나자 군중은 왕비도 나오라고 요구했다. 라파예트가 안내하여 왕비와 어린 왕자, 공주 세 사람이 발코니에 모습을 드러냈다. 군중의 요구에 왕자와 공주는 물러났다. 군중은 왕비를 살해하려는 기세였는데, 머스켓 소총을 겨누는 자도 많았다. 그러나 왕비의 침착하고 위엄 있는 모습에 누그러졌다. 라파예트가 무릎을 꿇고 왕비의 손에 입을 맞추자 군중은

"왕비 만세!(Vive a reine!)"를 외쳤다.

오후 1시 국민 방위대가 선두에 서고 그 뒤를 약 6천의 아낙네들이 밀과 밀가루를 실은 수레를 몰고 따랐다. 그 뒤로 근위대, 국왕 가족이 탄 마차, 약 100명의 제헌국민의회 의원들이 파리로 향하였다. 밤 10시 국왕 가족은 루이 15세 광장(현재의 콩코드 광장) 인근에 있는 튈르리 궁전에 도착했다. 튈르리 궁전은 앙리 2세의 왕비인 카트린 드 메디치가 건설하기 시작하여 루이 14 때에 완성된 궁전이다. 루이 15세가 1715~1723년 사이 거주했었다.

이로부터 2주가 지나기 전에 나머지 제헌국민의회 의원이 베르사유를 떠나 파리로 왔다. 그러나 왕당파라 할 수 있는 의원 56명 가량이 신변을 우려해 파리로 오지 않고 정계에서 물러났다. 제헌국민의회 의장 무니에처럼 프랑스를 떠나 외국으로 도주하는 자도 많았다. 이는 제헌국민의회에서 왕의 지지 세력이 크게 줄어든 것을 의미했다. 11월 19일 제헌국민의회는 의사당을 파리로 옮겨 튈르리 궁전 북쪽의 승마학교인 마네즈(Salle du Manège)에 자리 잡았다.

파리 민중에 의한 강제 천도는 바스티유 습격 사건 이상으로 의미가 컸다. 왕과 의회가 파리 민중의 인질이 된 것이다. 군중이 회의장 밖에서 안을 들여다보며 금방이라도 난입할 태세를 취하는데 이들의 의사에 반대되는 결정을 할 제헌국민의회 의원은 없었다. 이후 프랑스 혁명은 1794년 테르미도르의 쿠데타가 있기까지 '폭민의 지배(mobocracy)' 양상을 띠었다. 자신의 처지가 어떠한 것인지 본능적으로 느낀 루이 16세는 튈르리 궁에 들어가자 청교도 혁명으로 1649년에 처형당한 영국 찰스 1세(Charles I, 재위 1625 ~ 1649)에 관한 역사책을 가져오게 했다.

1790년 2월 20일 마리 앙투아네트의 친오빠인 신성로마제국 황제 요제프 2세가 만 49세의 나이로 세상을 떠났다(1741년 3월 13일 생).

베토벤(Beethoven, 1770~1827)은 그의 죽음을 애도하여 〈요제프 2세 황제를 위한 칸타타(Kantate auf den Tod von Kaiser Joseph II)〉를 작곡했다. 요제프 2세는 음악에 재능이 있어 취미 삼아 악기 연주와 작곡을 하기도 했다. 1782년에는 목관악기 위주로 구성되는 소규모 황실 직속 취주악단 하르모니무지크(Harmoniemusik)의 창단을 지시했다. 모차르트에게 독일어 대본으로 된 오페라를 작곡해달라고 부탁하기도 했다.

계몽주의에 크게 감화를 받은 요제프 2세는 중앙집권 체제를 지향한 개혁을 추진했다. 1773년 카톨릭 교단인 예수회를 해산시켰는데 이는 이때까지 예수회에 소속되어 있던 김나지움이나 대학들과 같은 교육기관의 교회로부터의 해방을 의미하는 혁명적인 조치였다. 어머니 마리아 테레지아가 살아 있는 동안에는 온건한 어머니의 제약을 받았지만, 1780년 단독 통치를 하게 되자 급진적인 개혁정책을 폈다. 1781년에는 농노제(農奴制)를 폐지하고 〈종교적 관용에 대한 칙령(Toleranzpatent)〉을 발표하여 개신교도에게 종교의 자유를 보장했다. 1784년에는 합스부르크 영토 전역에 걸친 독일어의 공용어화(公用語化)를 단행했다.

그러나 그의 개혁은 역사적 사정을 고려하지 않고 오직 합리주의에만 근거를 둔 것으로 커다란 반발을 초래했다. 전통적 권리가 무시된 헝가리와 합스부르크 령 네덜란드의 귀족들이 반란을 일으키기도 했다. 결국 요제프 2세는 1790년 1월 개혁을 중단한다고 선언했다. 건강이 나빠진 요제프 2세는 죽음을 예감하고 자신의 묘비명을 다음과 같이 쓰라고 했다.

그가 하려고 한 모든 일에 실패한 요제프 2세 여기 잠들다.

요제프 2세는 생존한 자식이 없었으므로(두 번 결혼했는데 모두 사별했다. 첫 결혼에서 얻은 딸은 어린 나이에 죽었다) 아우 레오폴트가 뒤를 이어 제위에 올랐다. 그가 레오폴트 2세(Leopold II, 재위 1790~1792)이다.

◆ 튈르리 궁 습격

1791년 5월 30일 로베스피에르는 제헌국민의회에서 사형제 폐지를 제안했다.

> 나는 다음 두 가지 사항을 증명하고 싶다.
> 첫째 사형은 본질적으로 정의에 반하는 것이다. 둘째 형은 범죄 억제 효과가 가장 큰 형벌이 아니다. (중략)

사회가 단죄하는 피고인은 기껏해야 패배하여 무력해진 적에 지나지 않는다. 피고인은 사회에 대해 약자이며 어른 앞에 선 아이와 다름없다. 따라서 진실과 정의의 눈으로 볼 때 사회가 법적 장치를 이용해 죽음을 명하는 것은 비겁한 살인일 뿐이며, 개인이 아닌 국민 전체가 합법적인 장치라고 전제하고 범하는 심각한 반인륜적 범죄이다.

그러나 사형제 폐지안은 제헌국민의회에서 부결되었다. 이때 투표했던 대의원 가운데 상당수가 – 사형제에 찬성했던 반대했던 – 나중에 사형되었다.

1791년 6월 하순 국왕 일가가 파리를 탈출해 프랑스 국경지방인 로렌의 작은 요새도시 몽메디(Montmédy)로 가려다 적발된 바렌느(Varennes) 사건이 일어났다. 파리의 튈르리 궁에서 포로 신세였던 루이 16세는 결국 파리를 탈출해 로렌의 몽메디로 가서 자신의 온건한 구상을 구현하려 했다. 몽메디에는 라파예트의 사촌으로 왕에게 충성하는 부예(François Claude de Bouillé) 장군이 1만의 병력을 보유하고 있었다. 국왕 일가는 6월 22일 바렌느에서 잡혀 파리로 호송되었다(거의 같은 시기 프로방스 백작은 국외 망명에 성공했다.), 6월 25일 밤 8시 파리에 도착했는데, 곳곳에 이런 내용의 플래카드가 걸렸다.

> 왕을 환영하는 자는 채찍을 맞을 것이요, 왕을 모욕하는 자는 교수(絞首)될 것이다.

튈르리 궁으로 호송된 루이 16세는 감금 상태가 되었고 왕권은 정지되었다. 왕정을 폐지하고 공화국을 세우자는 주장이 세를 얻었다. 제헌국민의회는 왕권을 정지시켰으나 곧 분열했다. 국왕 일가의 신변을 지키는 일은 국민 방위대 사령관 라파예트의 책임이었으므로 바렌느 사건이 나자 라파예트는 당통(Georges Danton, 1759 ~ 1794), 로베스피에르에게 반역자로 비난 받았다. 국왕 폐위를 주장하는 세력에 맞서 온건파 의원들은 국왕이 '유괴 당했다'는 허구를 지어내었다. 루이 16세는 7월 15일 왕의 권한을 되찾았다. 이에 당통이 의장인 코르들리에 클럽(Club des Cordeliers)은 즉각 샹 드 마르스 광장에서 국왕 폐위를 요구하는 서명 운동을 벌였다. 코르들리에 클럽은 정식 명칭이 '인간과 시민 권리의 친우 협회(Société des Amis des droits de l'homme et du citoyen)'인데, 1790년 1월 결성된 정치 동호회였다.

7월 17일 약 1만에 달하는 군중이 모였는데, 정부 측 첩보원으로 의심받은 사람 둘을 죽이는 등 과격한 모습을 보이자 라파예트는 선두에 서서 국민 방위대를 출동시켰다. 군중이 총을 쏘고 돌을 던지자 국민방위대는 파리 시장 바이와 라파예트의 명령에 따라 발포하여 군중을 해산하였다. 수십 명이 사살되고 계엄령이 선포되었다. 군중을 지도한 당통과 마라 등은 은신했다. 이 '샹 드 마르스의 학살'로 바이와 라파예트의 인기는 폭락했다.

1791년 9월 3일 제헌국민의회는 성문 헌법 제정을 마쳤다. 이 헌법은 프랑스를 입헌군주국이라 규정하였고 주권은 국민에게 있다 하였다. 그리고 삼권분립을 원칙으로 했다. 왕의 권력은 상징적인 수준으로 제한했다. 의회는 입법의회라 하며 단원제로, 745명의 의원으로 구성되며, 임기는 2년으로 정했다. 선거권은 소득 금액에 따라 제한하였다. 어느 정도 재산이 있어 선거권이 있는 국민을 능동 시민, 없는 국민을 수동 시민이라 했다. 따라서 국민의 대다수를 차지하는 농민과 빈민은 선거권을 가질 수 없게 되었다.

8월 29일에서 9월 5일 사이 선거가 실시되어 입법의회의 대의원 745명이 선출되었다. 이들은 정치적 경험이 없는 30세 미만의 젊은이가 대부분으로 귀족이나 성직자 출신은 매우 소수였다. 1791년 5월 16일 제헌국민의회 의원들이 자신들이 다음 의원 선거에 출마할 경우 공정한 헌법을 제정할 수 없다는 생각에서 스스로 피선거권 포기를 결의했기 때문이었다.

1791년 9월 13일 루이 16세는 헌법을 승인했다. 이로서 루이 16세는 입헌군주제 하에서의 왕이 되었다. 9월 25일 루이 16세는 해외 망명 중인 두 아우에게 편지를 써서 자신이 헌법을 승인한 이유를 설명했다.

너희들은 틀림없이 내가 이 헌법을 받아들였다는 소식을 들었을 것이고 내가 국민의회에 밝힌 (받아들이게 된) 이유도 알게 될 것이다. 그러나 그것은 너희들이 납득하기에는 충분하지 못할 것이다. 그러므로 나는 내가 이 헌법을 받아들이게 된 그 모든 이유를 알려주고 싶다.

지금 프랑스는 완벽한 해체로 나아가고 있는 듯한 상황인데 프랑스를 뒤덮고 있는 모든 불행을 폭력적 수단으로 해결하려 하면 그러한 과정은 가속화될 것이다. 해결책은 당파적 분열을 끝내고 통치의 권위를 회복하는 것이다. 그러나 그러기 위해서는 오직 두 가지 방법만이 있다. 무력 아니면 화의(和議)이다. 무력을 쓰려면 외국의 군사력을 이용해야 한다. - 망명귀족들은 오직 자멸적인 복수를 수행할 능력뿐이 없다. 그런데 이는 전쟁으로 문제를 해결하자는 의미가 된다. 망명귀족들은 반란을 일으킨 자들이 외국의 거대한 무력 앞에서 곧장 항복할 것이고, 그리하여 전쟁을 피할 수 있을 것이라고 믿고 있다. 그러나 파리와 지방에서 권력의 추를 쥐고 있는 혁명 지도자들은 혁명에 모든 것을 바치고 있다. (전쟁이 나면) 그들은 국민방위대와 기타 무장 시민을 동원할 것인데, 귀족이라 불리는 자들을 가장 먼저 학살할 것이다.

그러므로 (무력을 쓰면) 전쟁은 불가피한데, 이는 싸우는 모든 당사자들에게 이익이 되기 때문이다. 그리고 그 동기가 폭력과 절망적인 심정이므로 그 전쟁은 참혹할 것이다. 왕이 평온한 마음으로 이 모든 불행을 정관(靜觀)하고 자신의 백성에게 이 불행을 가져다 줄 수 있는가? (역사적으로) 왕들은 백성이 그들로부터 힘들게 얻은 것을 무력으로 되찾은 일을 언제나 자랑스럽게 여겨왔다는 것을 나는 알고 있으며, 그러한 상황에서 전쟁을 두려워하는 것이 나약함으로 불린다는 것 또한 알고 있다. 그러나 그러한 비난보다 백성의 고통이 더 내 마음에 와닿고 내가 일으켰어야 할 그 전쟁의 끔찍함을 생각하면 내 심장은 떨린다(망명귀족들은 루이 16세가 1789년의 혁명을 무력 진압하지 않은 것을 유감스러워 했다). 귀족과 성직자들이 혁명으로 얼마나 큰 고통을 겪었는지 알고 있다. 나 역시 많은 고통을 겪었다. 그러나 나의 백성들이 나와 불행을 같이 겪으니 나 홀로 고통을 받는 것이

낮다고 생각한다.

  외국군과 프랑스 귀족의 엘리트들은 (그들을 지휘할) 장교가 없는 국민방위대와 여러 부대를 이길 가능성이 크다. 그러나 이들 외국군은 프랑스 왕국에 계속 주둔하지 않을 것인데, 그들이 가버리고 다시 백성이 불복종하게 되면 어떻게 다스릴 것인가? 나의 신하인 망명귀족들이 백성의 마음이 크게 달라졌다고 믿고 있다는 것을 나는 잘 안다. 나 역시 그렇다고 오랫동안 생각해왔는데, 지금은 그것이 잘못된 것이었음을 깨달았다. 국민은 이 헌법을 좋아하는데, 이는 그것이 하층에 속하는 사람들에게는 자립을 - 지난 2년간 이들은 정부의 통치 없이 자립적으로 살았다 - 생각나게 하고 상층에 속하는 사람들(부르주아 계급)에게는 평등이라는 말을 연상시키기 때문이다. 하층에 속하는 사람들에게는 그들이 인정받았다는 것만이 보일 뿐이다. 부르주아들에게는 그들 위에 아무도 없는 현실이 보인다. 허영심이 충족된 것이다. 이 득의의 마음 때문에 그들은 다른 모든 것을 잊고 있다. 그들이 그 와중에 잃은 것도 있지만 그들이 보기에는 그런 일도 더 이상 없을 것이다. 헌법이 완성되어 완벽하게 행복스러운 삶이 눈앞에 다가온 것이다. 그러므로 헌법 시행을 연기하는 것은 가장 큰 범죄이다. 시간이 그들이 잘못 생각하고 있다는 것을 일깨워 줄 것이다. 그래도 그들의 과실은 엄청날 것이다.

  누구도 백성을 그들의 뜻에 거슬려 다스릴 수 없다. 이 금언은 (전제 군주인 술탄이 통치하는) 콘스탄티노플에서나 (왕이 없는) 공화국에서나 들어맞는다. 지금 이 국민의 뜻은 인권선언을 - 아무리 그 내용이 지각없는 것이라도 - 찬성하는 것이다.

그리고 이러한 고려를 하지 않더라도, 귀족정으로서 나라를 다스릴 수 있겠는가? 너희들이 말하는 귀족정이, 귀족들이 단결한다 해도 군주정을 떠받드는 기둥이나 피난처가 될 수 있는가? 귀족들은 여러 당파로 나누어져 있으며 의견도 다르지 않는가? 파리에서 귀족이라 불리는 자들은 다른 곳에서도 귀족으로 인정받는가? 귀족들이 아주 많은 당파로 나뉘어져 있는 것은 널리 알려져 있다. 어떤 자들은 구체제를, 어떤 자들은 삼부회를, 그리고 어떤 자들은 영국식 정부를 원하고 있다. 정부가 이 서로 다른 당파로부터 무슨 실질적 힘을 끌어낼 수 있겠는가? 그들은 승리한다면 더욱 분열될 것이고 그들 가운데 일부는 다른 귀족 정파보다는 자코뱅과 거취를 같이 할 것이 아닌가?

나는 심사숙고한 끝에 전쟁은 오직 끔찍한 결과와 불화를 낳을 것이고 다른 이득은 없다고 결론을 내렸다. 그러므로 전쟁으로 문제를 해결하겠다는 발상은 제쳐두고 나에게 남아있는 유일한 수단, 즉 나의 의지를 헌법의 원리와 결합시키는 것을 다시 한번 시도해야 한다고 생각했다. 나는 이 많은 국민을 이러한 방식으로 다스리는 것의 어려움을 잘 알고 있다. 그 불가능함을 깨달았다고 말하고 싶다. 그러나 헌법을 받아들이지 않는다면 내가 피하려고 애써온 전쟁이 일어날 것이고 백성이 헌법을 올바로 평가하지 못하게 될 것이다. 내가 그 헌법을 반대하는 것만을 보게 되니 말이다. 내가 이 헌법의 원칙을 받아들이고 성실하게 집행하면 그들은 자신들의 불행의 원인을 알게 될 것이다. 여론은 바뀔 것이고, 이러한 변화가 없으면 또 다른 재난이 예상된다. 이 헌법을 거부하는 것보다 받아들임으로써 더

나은 질서로 갈 수 있지 않을까 생각해본다.

1791년 9월 27일 파리 시장 바이는 유대인에게 완전한 프랑스 시민권을 주는 포고령을 반대를 무릅쓰고 발표했다.

1791년 9월 30일 제헌국민의회는 해산하고 다음날인 10월 1일 입법의회(Assemblée nationale législative)가 출범하였다. 시위대에 발포령을 내려 인기가 떨어진 라파예트는 국민 방위대 사령관 직을 사임하고 고향으로 돌아갔다. 발포령을 내린 파리 시장 바이도 11월 12일 사임하고 낭시(Nancy)로 갔다. 바이는 낭시에서 혁명에 관한 회고록을 집필했다.

입법의회의 당면 과제는 망명 귀족들의 군사적 위협이었다. 루이 16세의 아우 프로방스 백작 루이 스타니슬라스 자비에를 섭정으로 인정한 망명 귀족들은 모병하여 프랑스로 진격하려 하였다. 1791년 11월 입법의회는 프로방스 백작과 망명 귀족들이 2개월 이내에 귀국하지 않을 경우 공민권과 재산을 박탈할 것과 이들을 돕고 있는 독일의 여러 제후들에 대한 경고를 결의했다.

1792년 1월 14일 프랑스는 1756년 체결한 프랑스와 오스트리아의 동맹 조약이 아직 유효하냐고 오스트리아에 물었다. 신성로마제국 황제이기도 한 오스트리아의 군주 레오폴트 2세는 유효하지 않다는 답신을 보냈다. 3월 1일 레오폴트 2세는 세상을 떠났다. 갑작스런 죽음이었으므로 독살이 아닌가 의심하는 사람도 있었다. 레오폴트 2세의 태자 프란츠 요제프 카를(Franz Joseph Karl)이 뒤를 이으니 그가 프란츠 2세(Franz II, 재위 1792~1835)이다.

4월 20일 프랑스 입법의회는 압도적인 표차로 오스트리아에 대한 전쟁을 결의하였다.

1792년 4월 25일에는 기요틴(guillotine)을 이용한 최초의 사형집행이 있었다. 사형수는 노상강도행위로 석 달 전 사형선고를 받은 니콜라 자크 펠르티에(Nicholas Jacques Pelletier)였다. 사형은 파리의 그레브 광장에서 집행되었는데, 오랫동안 화제 거리였던 참수 기계가 등장한다는 말에 엄청난 군중이 몰려들었다.

* 기요틴을 개발한 기요탱과 앙투안 루이 *

1789년 10월 9일 국민의회 대의원이 한 사람으로 이름난 외과의사인 조셉 이그나스 기요탱(Joseph Ignace Guillotin, 1738~1814)은 제헌국민의회에 동일한 범죄는 범죄자의 신분에 관계없이 동일하게 처벌해야 한다는 내용의 청원서를 제출했다. 당시 프랑스의 사형 방법은 참수형, 교수형, 화형, 수레바퀴 형, 거열형 등 여러 가지였다. 귀족은 참수형, 일반 서민은 교수형이 보통이었다. 기요탱은 사형제에 반대했는데, 당장 실현이 어렵다고 보고 인도적인 사형 방법을 생각했다. 사형수에게 주는 고통을 최소화하고 빠르고 확실하게 죽이기 위해 기계로 참수하는 것이 최선이라고 보았다. 1789년 12월 1일 기요탱은 제헌국민의회에서 연단에 올라 모든 사형을 기계에 의한 참수형으로 집행할 것을 주장했다. 그러나 그의 주장은 비웃음거리가 되었다. 표현이 부적절했기 때문이다.

제가 고안한 기계를 사용한다면 여러분의 목을 눈 깜짝할 사이에 자를 수 있습니다.
여러분은 전혀 고통을 느끼지 못할 것입니다. 목 언저리가 아주 조금 서늘해지는 느낌이 들 때, 상황은 이미 종료되었을 것입니다.

1791년 6월 3일 제헌국민의회 대의원인 루이 미셸 르펠르티에(Louis-Michel Lepeletier) 후작이 '사형수는 모두 참수형에 처한다'는 규정을 형법에 도입할 것을 제안했다. 이에 사형집행관 샤를 앙리 상송은 크게 당황했다. 그러한 법이 시행되면 참수형으로 처형되는 사형수가 대폭 늘어날 터인데 그로 인한 문제가 심각할 것이었기 때문이다. 그는 이를 지적하는 의견서를 법무대신에게 제출했다.

법이 의도하는 바에 따라 신속하고 고통 없는 참수형이 집행되기 위해서는 몇 가지 조건이 있습니다. 사형집행관의 기량이 우수해야 하는 것은 물론이고, 사형수가 특별히 저항하거나 형을 방해하지 않는다고 할지라도 사형수가 움직이지 못하도록 확실히 목을 고정하는 장치가 필요합니다. (중략)
또 처형당하는 사형수가 여러 명인 경우 연이어 참수를 집행함에 따라 엄청난 양의 피가 주변에 흐르게 됩니다. 자기 차례를 기다리는 사형수들은 아무리 담력이 세다 해도 피로 강을 이룬 무시무시한 광경을 보면 이성을 잃고 마음이 흔들리게 마련입니다.

이렇게 겁먹고 공포에 빠진 사형수는 이미 몸을 가누거나 제어하기 힘들어지므로 집행인이 단칼에 목을 베는 데 상당한 지장을 받게 됩니다. 만약 이러한 상태로 집행을 강행한다면 죽음을 부르는 결투가 되거나 학살이 되어버릴지 모릅니다.

법무대신은 상송의 의견을 고려하여 참수형 집행의 어려움을 제헌국민의회에 알렸다.

1791년 10월 6일 입법의회는 '사형수는 모두 참수형에 처한다' '사형은 사형수에게 고통을 주지 않고 단순하게 삶을 박탈하는 것이다'라는 조항을 넣은 법령을 제정했다. 이에 따라 의학계 원로이자 루이 16세의 주치의인 앙투안 루이(Antoine Louis, 1723~1792)가 정부의 의뢰를 받아 참수 기계를 개발했다. 만드는 과정에 루이 16세가 중요한 아이디어를 제공했다. 자물쇠 만들기가 취미였고 정밀한 기계 과학에 정통한 루이 16세는 즉위 이래 인도적 처형을 추진해왔으므로 새로운 참수 기계 개발에 관심을 기울였다.

1792년 3월 2일 앙투안 루이, 기요탱, 샤를 앙리 상송은 참수 기계를 검토하러 튈르리 궁에서 모임을 가졌다. 루이 16세는 모임이 열리는 방으로 들어와 설계도를 보고 반달형의 오목한 칼날이 의도한 효과를 볼 수 없을 것이라 지적했다. 상송이 동의하자 앙투안 루이는 비스듬한 직선의 칼날을 제안했다. 3월 20일 입법의회는 새로운 참수 기계를 처형 도구로 쓰기로 결정했다. 1792년 4월 7일 비세트르(Bicêtre) 감옥에서 시체 3구를 이용해 참수 기계의 성능을 시험했다. 비스듬한 칼날은 성공했지만 반달형 칼날은 실패했다.

이 참수 기계는 처음에는 앙투안 루이의 이름을 따서 루이종(louison), 또는 루이제트(louisette)라 불렸으나 나중에는 아이디어 제공자 기요탱의 이름을 따서 기요틴(guillotine)으로 불리게 되었다. 조셉 이그나스 기요탱이 기요틴으로 처형되었다고 잘못 알려졌는데 이는 기요틴으로 처형된 리옹의 의사 기요탱(J. M. V. Guillotin)이 성씨가 같았기 때문이다. 조셉 이그나스 기요탱은 1814년 선종(善終)하여 파리의 페르 라쉐즈 묘지(Cimetière du Père-Lachaise)에 안장되었다. 그의 사후 유가족은 프랑스 정부에 참수 기계의 이름을 바꾸어 달라고 탄원하였다. 기각되자 이들은 성씨를 바꾸었다.

1977년 9월 10일 프랑스에서 기요틴을 이용한 마지막 사형집행이 있었다. 사형수는 튀니지 출신의 이민자 하미드 잔두비(Hamide Djandoubi)로 21세 여성 엘리자베스 부스케(Elisabeth Bousquet)를 납치하여 고문하고 살해했다.

＊　　　＊　　　＊

4월 28일 프랑스군은 오스트리아 령 네덜란드(오늘날의 벨기에와 룩셈부르크)를 침공했다. 이에 프로이센은 오스트리아와 연합하여 프랑스와 전쟁하기로 했다.

5월 초 전쟁장관이 된 조셉 세르방(Joseph Marie Servan de Gerbey)은 즉시 2만 명의 연맹병(fédéré)을 파리로 불러들일 것을 제안했다. 연맹병이란 혁명을 지지하는 지방 출신의 의용군을 말한다.

7월 11일 입법의회는 "조국은 위기에 처해있다"라고 선언하고 프랑스 국민방위대 전원에게 무장을 명령하였다. 7월 14일 혁명 3주년 기념 연맹제가 파리에서 열렸는데 상경한 연맹병으로 가득 찼다. 이들은 7월 17일 왕의 권력을 박탈하라는 청원서를 입법의회에 제출했다. 7월 25일 로베스피에르는 입법의회의 해산과 개헌 및 보통선거에 의한 새로운 국회인 국민공회(Convention nationale) 소집을 요구하였다.

8월 2일 오스트리아와 프로이센 연합군 사령관인 브룬스비크 공작(Karl Wilhelmm Duke of Brunswick)은 프랑스를 위협하는 성명을 발표하였다. 다음은 그 내용의 일부이다.

> 전선에 있는 프랑스군의 장군, 장교, 하급 장교, 병사들은 모두 옛날의 충성스러운 마음으로 돌아가 그들의 합법적인 주권자인 왕에게 즉시 복종할 것을 권고한다.
> 파리 시와 그 주민들은 즉시 국왕에게 복종하고 그에게 완전한 자유를 주고 지켜야 한다. 국민의회 의원, 시의원, 파리 국민방위대원들을 모두 처벌할 것이다.
> 튈르리 궁이 습격당하거나 국왕, 왕비, 그 가족에게 아무리 사소한 폭력이나 모욕이
> 가해진다면 보복으로 파리 시를 무력으로 철저히 파괴할 것이다.

8월 3일 일간지 《모니퇴르(Moniteur)》는 브룬스비크 공작의 성명을 보도했다. 이 보도에 파리 민중은 격분하고 파리 코뮌이

국왕 퇴위를 요구하는 청원서를 입법의회에 보냈다. 파리의 행정구역은 1790년 5월 48개 구(section)로 개편되었는데 각 구마다 1800명 정도의 능동 시민이 있었다. 각 구마다 대표자 3인을 선출하여 모두 144명이 파리 코뮌을 구성하였다. 8월 8일 노동자와 빈민이 가장 많이 사는 생 안투안느 구는 입법의회가 8월 9일 자정까지 왕의 폐위를 결의하지 않으면 튈르리 궁을 공격하겠다고 입법의회에 통고했다. 9일 자정이 되자 이들은 행동에 나섰다. 봉기를 위해 파리 코뮌은 임시 위원회를 세웠다. 8월 10일 새벽 연맹병과 파리 국민 방위대, 빈민인 수동 시민 등 2만이 넘는 수가 튈르리 궁을 습격하였다. 루이 16세와 가족은 의사당으로 피신하였다. 공격한 쪽에서 400명이 죽고, 튈르리 궁을 수비하던 스위스 용병 900명이 사망하였다. 입법의회는 당일로 왕권의 정지를 선언하고 보통선거에 의한 새로운 국회인 국민공회의 소집을 의결했다.

  8월 11일 오전 2시 국왕 일가는 페이앙 수도원으로 이송되었다. 이날 파리의 군중은 루이 15세 광장에 세워진 루이 15세의 동상을 쓰러뜨렸다(자유의 신상이 대신 세워지고 광장의 이름은 혁명 광장으로 바뀌었다).

  8월 13일 저녁 국왕 가족은 탕플 탑(Tour de Temple)으로 이송되어 감금되었다. 파리 코뮌의 요구에 따른 것이었다. 탕플 탑은 13세기에 성전 기사단이 지은 요새인데 루이 9세(Louis IX, 재위 1226~1270) 재위 이래 교도소로 쓰여 왔다. 왕비의 친구이자 인척인 랑발 대군 부인(Princesse de Lamballe, 1749~1792)도 같이 수감되었다. 그녀의 본명은 마리아 루이사 테레사 디 사보이아(Maria Luisa Teresa di Savoia)로 사보이 왕국의 공주였다. 그녀는 랑발 대군(Prince of Lamballe)인 루이 알렉상드르 드 부르봉(Louis Alexandre de Bourbon)과 1767년 결혼하였다. 랑발 대군은 루이 14세의 증손자이다. 프랑스어에는 '혈연 왕자(Prince du sang)'라는 어휘가 있다. 줄여서 '왕자(Prince)'로 표기하기도 하는데 이는 중국의 친왕(親王), 조선의 대군(大君) 또는 군(君)에 해당하는 용어로 왕위 계승권이 있는 왕의 가까운 부계 친족을 뜻한다. 결혼한 지 16개월 만에 사별하여 과부가 된 랑발 대군 부인은 마리 앙투아네트와 매우 가까워져 왕실 살림을 돌보았다. 인품이 뛰어난 그녀는 가난한 사람을 많이 도와 '훌륭한 천사'로 불리기도 했다. 국왕 일가가 튈르리 궁에서 살 때도 같이 있었으나 1791년에는 영국으로 가서 프랑스 왕실을 도와달라고 호소했다. 귀국하면 죽을 것이라 예상하여 유서를 쓰고 튈르리 궁으로 돌아와 국왕 일가를 돌보았다.

* prince의 뜻 *

prince는 흔히 왕자(王子)로 알지만 의미가 다양하고 복잡하다. prince의 어원은 로마 황제가 쓰던 칭호 가운데 하나인 라틴어 어휘 프린켑스(princeps)이다. princeps는 상고 라틴어에서는 prīsmo-kaps인데, 직역하면 '제1 자리를 차지한 자'이다. 로마가 공화정 시절 원로원에서 지도자 역할을 하는 의원에게 붙인 칭호였다. princeps senatus(원로원 의원 가운데 제1인자)로 쓰였다. 율리우스 케사르의 뒤를 이어 집권한 옥타비아누스는 실질적으로는 황제였으나 공화정의 외피를 보존하였으므로 그가 구축한 정치체제를 원수정(元首政, Principatus)이라 한다.

옥타비아누스가 쓰던 여러 칭호 가운데 princeps civitatis(시민 가운데 제1인자)가 있었다. 줄여서 princeps이다.

옥타비아누스는 휴가철인 여름에는 그의 외손자들에게 로마시를 다스리게 했고 자신이 최고제사장으로서 주관해야 할 종교 행사에 대신 보내기도 했다. 이때 princeps 칭호를 부여했다. princeps는 프랑스어에서 형태가 prince가 되었고 이것이 영어에 들어왔다.

로마 황제는 이외에도 Augustus 등 여러 칭호를 사용했는데, 그 중 Imperator(군 최고 사령관)는 古프랑스어(8~14세기에 현재의 프랑스 지방에서 쓰인 언어)에서 Empereur가 되었고 이것이 영어로 들어가 emperor가 되었다.

중세에 들어 prince는 독립적인 일정 영지를 다스리는 주권자를 지칭하는 말이 되었다. 신성로마제국 내에는 독립적인 영지가 많았는데 그 통치자를 - 실제 작위나 위계와는 상관없이 - prince라 했다. 르네상스 시대 말에 나온 마키아벨리의 저서 『Il Principe』에서 이런 의미로 쓰였다. 그러므로 『군주론』으로 번역되는 것이다.

군주의 칭호가 Prince인 나라로는 모나코와 리히텐슈타인을 그 예로 들 수 있다. 이들이 다스리는 제후국은 독일어로는 Fürstentum이라 하는데, 영어로는 Principality이다. 이 경우 prince 번역이 애매해진다. 여배우 그레이스 켈리(Grace kelly)와 결혼하여 유명해진 모나코 군주 레이니에 3세(Prince Rainier III)를 레이니에 공이라 하는 것처럼 왕이 아닌 공으로 옮기는데, 이에 따라 모나코는 왕국이 아닌 공국(公國)으로 옮긴다. 그런데 공국은 독일어로는 Herzogtum이고 영어로는

Dukedom이다. 독일에서 Fürst는 Herzog(이 단어는 공작으로 옮긴다)보다 아래이다.

17세기부터 유럽에서는 유력 공작 가문의 법정 후계자가 prince 칭호를 – 영지(領地)와 연관된 – 갖는 것이 유행이 되었다. prince de Gramont, prince de La Rochefoucauld, prince de Noailles 등이 그 예이다. 이러한 칭호는 법에 의한 것은 아니지만 관례가 되었고 전통으로 지켜졌다.

프랑스에서는 'Prince du sang'라는 어휘가 있다. 줄여서 Prince로 표기하기도 하는데 이는 왕위 계승권이 있는 왕의 가까운 부계 친족을 뜻한다. 이 개념으로 독일에서는 Fürst와 Prinz를 쓴다. 영어권에서는 Prince라 통칭한다. 합스부르크 가문에서는 Archduke, 러시아 제정에서는 Великий Князь라 했는데 모두 대공(大公)으로 옮긴다.

그리고 여왕의 남편에게 Prince란 호칭을 주기도 한다.

이러한 사정을 고려하지 않고 Prince라면 무조건 왕자 아니면 공작으로 번역하는 일이 많다. Prince of Monaco를 모나코 왕자라고 번역하는 경우가 흔하다. 생텍쥐페리의 『Le Petit Prince』를 『어린 왕자』로 옮기는데, 이는 왕의 아들이라는 의미의 prince가 아니라 소행성 B-612호의 군주로서의 prince이기 때문에 오역이다. 그래도 '어린 군주'나 '어린 왕'으로 옮기는 것보다는 감성에 닿는 말이다.

*　　　*　　　*

8월 10일 사건의 주동자는 온건한 부르주아 계층이 아니라 파리의 노동자, 빈민, 영세 상인이었다. 이들은 귀족이 입는 반바지인 퀼로트(culotte)를 입지 않았다 하여 상퀼로트(sans-culotte)라 불렸다. 이들이 파리 코뮌의 실권자가 되었다.

8월 14일 법무장관 당통은 라파예트 체포 영장을 발부했다. 라파예트는 미국으로 망명 갈 생각으로 오스트리아 령 네덜란드로 도피했다.

◇ 루이 16세 처형

8월 19일 브룬스비크 공작이 지휘하는 연합군이 국경을 넘어 프랑스 영내로 진격했다. 8월 23일 연합군은 요새 롱위(Longwy)를 함락하고 베르됭(Verdun) 요새로 향했다. 국민공회는 반혁명 용의자 3천명을 투옥하고 신병 6만을 소집했다.

9월 2일 일요일 아침 파리에는 베르됭이 포위되어 함락 직전이라는 소식이 전해졌다. 베르됭이 함락되면 파리까지는 거침없이 올 수 있으므로 이 소식에 파리가 뒤집혔다. 파리 시민들이 공포와 불안으로 이성을 잃은 가운데 '죄수들이 반란을 일으켜 탈옥하려 한다'는 헛소문이 퍼졌다. 이때 파리의 9개 교도소는 8월 10일 튈르리 궁전 습격 때 포로가 된 군인 등 정치범, 혁명에 반대한 사제, 그리고 절도범이나 매춘부 등 일반 범죄자들로 가득 찬 상태였다. 이날 밤부터 연맹병과 군중이 수감자들을 약식재판을 하여 처형하거나 재판도 없이 학살하였다. 군중은 칼로 베거나 창으로 찌르고 몽둥이로 때려 집단학살을 했다. 술을 마시면서 재미삼아 학살하는 자도 있었다. 정치범 가운데는 귀족 출신이 많았으므로 고급 옷을 입고 회중시계를 차거나 현금을 잔뜩 몸에 지닌 이도 있었다.

  학살 첫날 파리 코뮌의 감시위원회가 약탈 행위를 엄격히 다스려 희생자가 소지한 귀중품은 회수되었다. 그러나 9월 3일부터는 군중의 광기를 당해낼 수 없어 방관했다. 군중은 귀중품뿐 아니라 시신의 옷, 양말까지 털어가 벌거숭이가 된 시신이 파리 시가 곳곳에 방치되었다. 군중 가운데 양말도 없는 빈민이 많았기 때문이었다. 이날 왕비 마리 앙투아네트와 절친한 랑발 대군 부인이 라 포르스(La Force) 감옥에서 학살되었다. 그녀는 8월 19일 밤 탕플 탑에서 라 포르스로 이감되었다. 군중은 그녀에게 왕비를 모욕하고 왕정에 반대하는 선서를 하라고 강요했다. 이를 거부하자 군중은 그녀를 참수한 후 시신의 옷을 다 벗기고 배를 갈라 내장이 다 드러나게 했다. 군중은 그녀의 잘린 머리를 창끝에 꽂아 파리 시가를 행진했다. 이들은 탕플 탑으로 향했는데, 정문에서 제지되었다. 군중은 랑발 대군 부인의 머리가 탕플 탑의 창을 통해 보이도록 창을 높이 쳐들었다. 루이 16세는 탕플 탑을 지키는 국민 방위대원 중 한 사람에게 무슨 일인지 물었는데, 이런 대답을 들었다.

    어르신이 알고 싶다니, 좋습니다. 그들은 랑발 부인의 머리를 당신에게 보여 주고 싶어 합니다. 사람들이 쳐들어오는 것을 원하지 않는다면 당신들이 모습을 드러내라고 충고하겠습니다.

랑발 부인의 머리를 본 왕비는 기절했다.

이날 파리 코뮌의 감시위원회를 지도하는 마라는 다음과 같은 내용의 회장(回章 : 여러 사람이 돌려보라고 쓴 문장)을 각 지방에 보냈다.

> 감옥에 갇혀있는 흉악한 음모꾼들의 일부가 인민에게 처형되었다. 이 처형은 인민이 적을 향해 진격하려는 이때 감옥의 벽 안에 숨어있는 많은 반역자들을 공포로 누르는데 필요한 정당한 행위였다.
> …… 이제는 국민 전체가 공안(公安)을 위해 그러한 필요 수단을 기꺼이 취할 때이다.

9월 학살은 7일까지 진행되었다. 이 기간에 학살된 수는 1100~1400명으로 추산된다. 이중 정치범은 약 400명이었고 나머지는 일반 죄수였다.

9월 학살이 진행되던 때인 9월 2일에서 6일까지 국민공회 의원 선거가 실시되었는데, 공포 분위기였으므로 투표율은 아주 낮아 10%도 되지 않았다. 선출된 의원의 3분의 1 가량은 제헌국민의회와 입법의회 의원 경력이 있었다. 의원 가운데는 오를레앙 공과 미국 독립전쟁의 유공자 토마스 페인(Thomas Paine, 1737~1809)도 있었다.

9월 20일 국민공회가 개원하였다. 페티옹이 의장으로 선출되었다. 의장의 임기는 2주였다. 국민공회에는 전쟁위원회

(Comité de guerre), 재정위원회(Comité des finances), 입법위원회(Comité de législation) 등 8개의 분과 위원회가 있었다. 국민공회는 입법부 기능만이 아니라 행정부 역할도 했다. 이날 뒤무리에(Charles-François du Périer Dumouriez) 장군이 오스트리아-프로이센 연합군을 바렌느 근처의 발미(Valmy)에서 막아냈다. 이때까지 프랑스 군이 열세였던 이유는 혁명의 혼란으로 정규군이 무너진 상태였기 때문이었다. 그래도 뒤무리에 등 경험이 많은 장군들이 재빨리 신병을 훈련하여 전투력을 키웠다. 발미 전투는 무승부였으나 브룬스비크 공작은 프랑스 군이 오합지졸이 아닌 것을 알고 프랑스 국경 밖으로 물러나기로 결정했다.

9월 21일 국민공회는 왕정 폐지와 공화국 수립을 만장일치로 결의하였다. 이날 카톨릭 사제 출신 의원인 아베 그레그와르(Abbe Gregoire)는 루이 16세에 대한 재판을 요구하는 연설을 했다.

> 국왕이라는 존재는 도덕적으로 자연계에 있는 괴물과 같은 것이다. 또한 궁정이란 범죄의 공장, 부패의 온상, 폭도의 소굴이다. 모든 국왕의 역사는 모든 국민의 순교 이야기와 일치한다.

10월 10일 자코뱅 클럽의 과격파들은 온건파를 제명하였다. 온건파는 이보다 훨씬 전부터 과격파와 대립하였는데 이로서 공식적으로 갈라섰다. 온건파는 훗날 사가들에 의해 지롱드파(Girindins)라 불리게 된다. 자코뱅 클럽의 과격파들은 국민공회의 의사당에서 높은 좌석에 앉았으므로 '산악파(Mongtanard)'라 불리게 된다. 산악파의 지도자는 로베스피에르, 당통, 마라 등이었다.

11월 7일 왕을 재판해야 하느냐는 문제로 국민공회는 격론을 벌였다.

11월 13일 25세의 최연소 의원인 산악파 소속의 생쥐스트(Louis Antoine de Saint-Juste, 1767~1794)는 국민공회에서 처음으로 연설을 했다. 법적으로는 왕의 재판이 불가할지 모르나 우리는 재판을 하자는 것이 아니라 혁명을 하자는 것이라고 말했다.

> 후세 사람들은 18세기의 우리들이 카이사르 시대보다 오히려 뒤쳐져 있었다는 사실을 알고 깜짝 놀랄 것입니다. 로마 제국 시대에 폭군은 원로원 한복판에서 단도로 23회 찔리는 것 이외에는 어떠한 절차도 필요 없었습니다. 다시 말해 로마의 자유 말고는 어떤 법에도 의거하지 않고 도살당했습니다. 그러나 지금, 온갖 범죄를 저지르고 손에 잔뜩 피를 묻힌 채 현행범으로 체포된 국민의 암살자에 대해 사람들은 시종일관 공손한 태도를 취하며 소송조차 걸지 않고 있습니다!

> 어떤 환상, 어떤 습관을 몸에 지니고 있다 해도 왕정은 그 존재 자체만으로도 용서받을 수 없는 범죄이며 그 범죄

에 대항하여 인간은 떨쳐 일어나 무장할 권리가 있습니다. 비록 그 나라 국민들의 무지몽매함으로 인하여 일시적으로 존재했다 할지라도 왕정은 결코 정당화될 수 없는 불법행위입니다. 국민들은 왕정을 용인함으로써 자연스레 혁명의 정신을 배신하는 죄인이 되는 것입니다.

모든 인간은 어떠한 나라에서건 왕의 지배를 근절해야 할 비밀스런 사명을 하늘로부터 부여받았습니다. 사람은 죄 없이 왕이 될 수 없습니다. 이것은 명명백백한 사실입니다. 왕이라는 존재는 모두 반역자이며 찬탈자입니다.

이 연설로 국민공회의 분위기는 루이 16세 대한 재판을 빨리 해야만 한다는 것으로 기울었다.

12월 2일 파리 코뮌은 국민공회가 국왕 재판을 지연하고 있다고 비난했다.

12월 3일 로베스피에르는 국민공회에서 다음과 같은 연설을 했다.

지금부터 확실히 정해두지 않으면 안 된다. 꼭 이루어져야 하는 것은 재판이 아니라 국가의 안전을 위한 조치, 바로 국민의 섭리라는 것을! 루이는 사형에 처해져야 합니다. 왜냐하면 조국이 살아나가야 하기 때문이다.

국민의 배신자, 인류에 대한 범죄자인 국왕은 8월 10일 그날, 자유를 위하여 순교자들이 죽음을 맞았던 바로 그 장소에서 죽어야한다.

이날 국민공회는 '누구든지 프랑스에서 왕정의 재건을 제안하는 자는 사형에 처한다'고 결의하였다.

12월 6일 국민공회의 12인 위원회는 국왕 재판에서 모든 투표는 지명점호제로 할 것을 결의했다. 이는 공개 투표를 강요한 것이었다.

12월 11일 루이 16세는 피고가 되어 국민공회 앞에 섰다. 먼저 루이 16세의 죄목을 열거하고 국왕에 대한 심문이 이루어졌다.

'미국 건국의 아버지들(Founding Fathers)' 가운데 한 사람으로 1792년 4대 프랑스 주재 미국 전권공사가 된 모리스(Gouverneur Morris, 1752~1793)는 12월 21일 미 국무장관 토마스 제퍼슨에게 편지를 썼다. 1789년부터 프랑스에 머무른 모리스는 처음에는 프랑스 혁명을 긍정적으로 보았으나 그 진행 과정을 지켜보고는 혁명에 매우 비판적이 되었다. 그는 이 편지에서 국왕 재판을 비난했다.

> 인간의 역사를 자네보다 잘 모르는 사람에게는, 프랑스 왕좌를 점유했던 왕들 가운데 가장 온유한 사람이 …… 인간 본성의 역사를 지금껏 더럽혀온 가장 극악한 전제자들 가운데 한 명으로 기소되었다는 사실이 이상하게 보일 걸세.

12월 25일 크리스마스 날 루이 16세는 유언장을 작성했다. 다음날 다시 피고인으로 재판정에 설 예정인데 가는 도중 암살될 것으로 예상했기 때문이었다. 다음은 그 일부이다.

나는 내 여동생에게 내 아이들을 계속 사랑해달라고, 그리고 아이들이 어머니를 잃는 불행을 겪게 되면 어머니 역할을 해 달라고 간절히 부탁한다.

나로 인해 겪은 모든 고통에 대해 용서해 달라고, 우리의 결혼 생활 속에서 내가 나의 아내에게 안겨주었을지 모르는 슬픔을 용서해 달라고 아내에게 간절히 부탁한다. 아내가 뉘우칠 일이 있다고 해도, 나는 아내에게 비밀로 할 것이 없다고 아내는 확신해도 좋다.

Je prie ma Sœur de vouloir bien continuer sa tendresse a mes enfants, [mots raturés], et de leur tenir lieu de Mere, s'ils avoient le malheur de perdre la leur.

Je prie ma femme de me pardonner tous les maux qu'elle souffre pour moi, et les chagrins que je pourrois lui avoir donnés dans le cours de notre union, comme elle peut estre sure que je ne garde rien contre elle, si elle croioit avoir quelque chose a se reprocher.

*

나는 내 아이들이 하느님에게 의무를 다 한 다음, 언제나 화합하고 자신들의 어머니에게 공손하고 순종하며, 어머니가 자식들로 겪은 근심걱정을 잘 알기를, 그리고 나를 기억하기를 진심으로 당부한다.
나의 여동생을 또 한 사람의 어머니로 보아주기를 아이들에게 간절히 부탁한다.

Je recomande bien vivement a mes enfants, apres ce qu'ils doivent a Dieu qui doit marcher avant tout, de rester toujours unis entre eux, soumis et obeissants a leur Mere, et reconnoissants de tous les soins et les peines qu'elle se donne pour eux, et en memoire de moi.
je les prie de [mot raturé] regarder ma Sœur comme une seconde Mere.

*

만약 나의 아들이 국왕이 되는 불행을 겪는다면, 그가 국민의 행복을 위해 자신의 모든 것을 바치겠다는 마음을 갖기를 당부한다. 그리고 모든 증오와 회한, 특히 짐이 지금 겪는 불행과 슬픔에 관계된 모든 것을 잊어 주기를 거듭 당부하고 싶다.

Je recomande a mon fils s'il avoit le malheur de devenir Roy, de songer qu'il se doit tout entier au bonheur de ses Concitoyens, qu'il doit oublier toute haine et tout ressentiment, et nommement tout ce qui a rapport aux malheurs et aux chagrins que j'eprouve.

12월 26일 루이 16세는 재판정에서 스스로를 변호했다.

1793년 1월 15일 화요일 국민공회에서 두 가지 사안이 표결에 붙여졌다.

> 프랑스의 전 국왕 루이 카페는 자유에 대항한 음모를 꾸미고 국가의 안전을 해치는 죄를 지었는가?
> 국민공회의 판결은 국민의 재가를 받아야 하는가?

지명 점호 투표제에 따라 모든 의원은 이름이 호명되면 자신의 의견을 밝히고 설명해야 했다. 기권 37표를 제외한 만장일치로 루이 16세의 유죄가 선고되었다. 국민의 재가를 얻어야 하는 사안은 426대 278표로 부결되었다.

1월 16일 저녁 6시부터 어떤 처벌을 할 것인가에 대한 투표가 시작되었다. 의원들은 차례로 단상에 올라가 의견을 말했다. 이 절차는 철야로 진행되어 17일 저녁 7시에 끝났다. 투표 결과 사형이 387표, 추방이나 유폐 등 다른 방식의 처벌이 334표였다. 지롱드파에서도 사형에 찬성하는 자가 있어서 이런 결과가 나왔다. 사형을 주장한 387표 가운데 집행유예를 부가한 표가 26표였다. 이를 고려하면 실제로는 사형 주장은 반대보다 1표가 더 많았다.

토마스 페인은 국왕 일가족을 외국과의 전쟁이 끝날 즈음에 미국으로 추방하자고 주장했다. 그는 미국 독립을 위해 루이 16세가 지원한 일을 언급하면서 '내가 사랑하는 미국이 그 족쇄를 끊어버리도록 도와주었던 사람'이 교수대에서 죽는 것을 보면서 압제적인 영국인들이 만족감을 느끼게 하지 말자고 주장했다. 이에 마라는 토마스 페인이 퀘이커 교도로 나약하다고 비난했다. 당통은 장미 향수로 혁명을 이룰 수 없다며 왕의 처형을 주장했다. 오를레앙 공작 루이 필립도 "국민의 주권을 침해했거나 침해할 사람은 누구든지 사형을 당할만하다고 확신"한다며 사형에 찬성했다. 국민공회 의장 피에르 베르니오(Pierre Vergniaud)가 선언했다.

> 국민공회의 이름으로 루이 카페(Louis Capet)에게 사형을 선고한다.

루이 16세의 완전한 성명은 루이 오귀스트 드 부르봉(Louis Auguste de Bourbon)이다. 그러나 국민공회는 재판 내내 루이 16세를 루이 카페라 했다. 프랑스 역사를 통틀어 왕조는 카페 왕조, 발르와 왕조, 부르봉 왕조(Maison de Bourbon, 1589~1792, 1814~1830) 셋이 있다. 발르와 왕조와 부르봉 왕조는 둘 다 카페 왕조의 방계이다. 루이 16세도 카페 왕조의 창시자 위그 카페(Hugues Capet)의 자손이다. 그러므로 그를 루이 카페라 할 수도 있었다. 국민공회가 루이 16세를 굳이 루이 카페라 호칭한 이유는 프랑스의 모든 왕정을 부정하려 했기 때문이었다.

1월 19일 루이 16세의 사형 집행을 유예할 것인가에 대한 안건이 투표에 붙여져 찬성 310표, 반대 380표로 부결되었다.

1월 20일 일요일 오후 2시 법무장관 도미니크 가라(Dominique Joseph Garat)는 루이 16세에게 24시간 내에 처형될 것이라고 통보했다. 가라가 사형선고문을 읽었는데, 무표정하게 듣고 있던 루이 16세는 '자유에 대항한 음모(conspiration contre la liberté)'라는 표현에 경멸하는 미소를 지었다. 가라는 그의 표현에 따르면 왕의 '초인적 용기'에 경악했다. 루이 16세는 세 가지 요구를 하였다. 하느님 앞에 모습을 드러낼 준비를 하도록 3일 간 사형집행을 유예할 것, 자신이 선택한 사제를 면회해줄 것, 가족을 만나게 해줄 것이었다. 국민공회는 첫 번째 요구는 거절하였으나 다른 2가지는 받아들였다. 가라는 수도원장인 에지워스(Edgeworth) 신부와 함께 저녁 6시 탕플 탑으로 돌아왔다. 루이 16세는 8시 반까지 고해성사를 했다. 이어 6주 동안 보지 못했던 가족을 만났다. 루이 16세는 아들에게 자신을 죽이는 자들을 용서하라고 명했다. 마리 앙투아네트는 가족 모두가 같이 밤을 새고 싶어했으나 루이 16세는 평정이 필요하다며 거절했다. 밤 11시 시종 클레리(Jean-Baptiste Cléry)가 저녁 식사를 권하자 루이 16세는 잠시 망설이다가 받아들였다. 12시 30분 경 루이 16세는 "클레리, 5시에 나를 깨워주게!"라고 말하고 취침했다.

　1793년 1월 21일 월요일 아침 파리의 날씨는 3도로 쌀쌀했고 짙은 안개가 꼈다. 드넓은 혁명 광장에는 10만 군중이 운집하였다. 광장 중앙에 설치된 처형대에는 진홍색의 기요틴이 높이 서 있었다. 처형대 주변에는 국민 방위대, 마르세유 연맹병이 몇 겹으로 진을 치고 있었다. 파리 곳곳에 8만의 무장한 국민 방위군과 상퀼로트가 서 있었다. 9시가 되기 조금 전 루이 16세를 태운 진녹색 마차가 탕플 탑을 떠났다. 국민 방위대 사령관 상테르(Antoine Joseph Santerre)가 선두에 선 기병대가 앞장섰고 1천 기병이 마차를 에워 쌓다. 마차 후위에는 기병

100명이 따랐다. 탕플 탑에서 혁명 광장까지는 3마일 거리인데 길에는 눈이 많이 쌓여 있어 광장에 도착하기까지 1시간이 넘게 걸렸다. 말 2필이 끄는 진녹색 마차가 광장으로 들어와 처형대 근처에 멈춰 섰다. 마차 문이 열리고 헌병 2명이, 이어 신부 에지워스, 그리고 루이 16세가 마차에서 내렸다. 신부는 혁명 정부에서 금지된 카톨릭 사제복을 입고 있었다. 이는 처형당하는 루이 16세에게 부여된 마지막 특례 조치였다.

루이 16세는 처형대 계단을 향해 걸음을 옮겼다. 군악대의 커다란 북소리가 울려 퍼졌다. 처형대 위에는 샤를 앙리 상송과 두 아우 마르탱 상송, 샤를마뉴 상송, 그리고 다른 2인의 조수가 대기하고 있었다. 상송의 두 아우도 지방에서 사형집행관으로 일하고 있었는데 형을 돕기 위해 파리로 왔다. 마르탱 상송은 처형대 아래로 내려가 루이 16세에게 정중히 인사하고 상의를 벗도록 권고했다. 루이 16세는 "쓸데없는 짓이다. 이대로도 문제될 것은 없지 않은가"라며 거절했다. 마르탱은 상의를 벗어야 하는 필요성을 설명하고 조심스럽게 두 손을 결박해야 한다는 말도 꺼냈다. 루이 16세는 자존심이 상했다. "뭐라고. 자네가 내 몸에 손을 댄단 말인가? 상의는 벗겠네만 내 몸은 절대 건드리지 말게." 샤를마뉴 상송이 처형대를 내려가 반쯤 울먹이는 목소리로 사정했다. "반드시 필요한 절차입니다. 그렇지 않으면 집행을 할 수 없습니다."

샤를 앙리 상송은 에지워스 신부에게 다가가 말했다. "신부님, 폐하의 손을 묶을 수 있도록 말씀드려주십시오. 부탁드립니다. 강제로 결박하는 데는 시간이 걸립니다. 그 광경을 보면 사람들이 동요할지도 모릅니다."

에지워스 신부는 비장한 표정으로 루이 16세에게 입을 열었다. "폐하, 저는 이 모욕적인 행위가 폐하께서 (십자가에 매달려 처형당한) 주 예수와 비슷한 수난을 겪는 것이라고 봅니다. 하느님은 폐하에게 보상하실 겁니다." "확실히 주님의 선례가 나를 이러한 모욕을 받아들이도록 하는 구료."

루이 16세는 상송 형제들에게 말했다.

> 자네들이 하고 싶은 대로 하게. 나는 성배를 마지막 한 방울까지 마시겠네.

샤를 앙리 상송은 루이 16세가 결박당한 모습을 보고 군중들이 반응하지 않을까 기대했다. 상송은 처형장의 군중이 놀라울 정도로 변덕스럽다는 것을 경험으로 잘 알고 있었다. 사형수에게 야유를 퍼붓다가도 사소한 자극에 사형수를 동정하거나 영웅시하는 것이 군중이었다. 군중 사이에서 탄식과 동정의 소리, 국왕 처형에 분노하는 함성이 터져 나온다면, 이에 목숨을 걸고 국왕을 구하려는 자가 나오고 용기를 얻은 군중이 합세하면 1788년의 베르사유 사형수 구출 사건이 재연될 수도 있다고 보았다.

루이 16세는 신부의 부축을 받으며 처형대의 가파른 계단을 천천히 올랐다. 에지워스 신부는 루이 16세에게 용기를 주었다. "성 루이(Saint Louis, 루이 9세)의 자손이시여, 하늘로 올라가십시오." 손을 뒤로 결박당하고 머리카락은 잘리고 셔츠 깃은 젖혀져 목이 드러난 국왕의 모습을 보자 군중 사이에 동정어린 탄식과 신음소리가 일었다. 처형대 위에 선 루이 16세는 군중에게 연설을 하려는 듯 했다. 군악대를 향하여 국왕이 고개를 가로젓자 북소리가 멈추고 혁명 광장은 정적에 휩싸였다. 루이 16세가 입을 열었다.

> 나에게 씌워진 모든 중죄에 결백한 채로 나는 죽는다. 나는 나에게 사형을 선고한 자들을 용서한다. 그대들이 흘리게 할 나의 피가 프랑스에는 결코 떨어지지 말라고 하느님에게 기도한다.
>
> Je meurs innocent de tous les crimes qu'on m'impute. Je pardonne aux auteurs de ma mort. Je prie Dieu que le sang que vous allez répandre ne retombe jamais sur la France.

루이 16세는 말을 이으려 했으나 상테르의 명령에 북소리가 울려 들리지 않았다. 10시 22분 루이 16세의 몸은 판자에 고정되었고 삼각형의 은색 칼날이 미끄러지며 떨어졌다. 조수가 선혈이 뚝뚝 떨어지는 루이 16세의 머리를 들어 보였다. 군중 가운데 일부는 "국민 만세(Vive la Nation!), 공화국 만세(Vive la République!), 자유 만세(Vive la liberté!)"를 외쳤다. 춤을 추는 자도 있었다. 축포도 몇 발 울렸다. 대다수는 침묵했다. 루이 16세의 시신을 실은 마차가 마들렌 묘지(Cimetière de la Madeleine)로 향하자 길가에서 이를 지켜보던 많은 아낙네들이 울었다.

《파리의 혁명》이라는 신문은 루이 16세 처형에 대해 다음과 같이 주장했다.

> 법과 정의의 칼에 의해 흘려진 루이 카페의 피는 1300여 년 동안의 오욕에서 우리를 씻어주었다. 우리들이 진정한 의미에서 공화주의자가 되고 이웃 여러나라에 대해 스스로 모범이 되어 손을 마주 잡는 권리를 쟁취할 수 있었던 것은 바로 1월 21일 월요일 이후이다.

샤를 앙리 상송은 루이 16세를 처형했던 단두대의 칼날을 집에 고이 보관하고 하루도 빠지지 않고 칼 앞에서 국왕의 영혼이 안식을 찾도록 기도했다.

◆ 마리 앙투아네트 처형

루이 16세 처형은 온 유럽의 군주들에게 충격을 주었고, 영국 주도로 프랑스에 대항한 여러 국가들의 동맹이 결성되기 시작했다. 2월 1일 프랑스 국민공회는 영국과 네덜란드에 선전포고했다. 대 프랑스 동맹에 오스트리아, 프로이센, 러시아, 스페인, 교황, 이탈리아 제후들이 가담하였다.

3월 10일 당통과 르바쉐르(René Levasseur)의 제안에 따라 혁명재판소(Tribunal révolutionnaire) 설치가 의결되었다. 혁명재판소는 모든 반혁명 기도와 자유, 평등, 통일, 공화국의 불가분성에 대한 모든 가해 행위를 심리한다는 목적으로 세워지는 것이었다.

3월 18일 뒤무리에 장군은 리에즈의 북서쪽에 있는 네르빈덴에서 오스트리아 군에 패했다. 이 승리로 오스트리아는 브뤼셀을 되찾았고 프랑스 군을 오스트리아 령 네덜란드에서 몰아냈다.

3월 21일 국민공회는 감시위원회 설치령을 가결했다. 파리의 모든 구에 감시위원회를 두어 반혁명 용의자와 외국인을 감시하게 했다. 3월 29일부터 혁명재판소가 직능을 수행했다. 혁명재판소에서는 12명으로 구성된 배심원단, 판사 5명, 공공 고소인(accusateur public) 1명, 공공고소인의 보좌관 2명이 재판을 수행했다. 공공고소인은 검사와 비슷한 존재로 수사보다는 기소가 주 임무였다. 혁명재판소의 판결은 항고가 불가능한 단심이었다.

4월 5일 국민공회는 국방위원회(Comité de défense générale)를 폐지하고 공안위원회(Comité de salut public)를 신설하도록 했다. 국민공회에서 8개의 분과 위원회가 활동해 왔으나 그 권능이 서로 충돌하여 원활하게 기능하지 않았으므로 상위의 위원회 설치가 필요했다. 이에 1793년 1월 1일 국방위원회를 설치했으나 제대로 작동하지 않아 다시 공안위원회를 신설한 것이었다. 4월 6일 당통을 포함하여 9명의 위원으로 이루어진 공안위원회가 수립되었다. 공안위원회는 입법, 사법, 국방에 관하여 광범위한 권력을 부여받았다. 그 토의는 비공개였고 행정위원회의 활동을 감시했고 긴급한 시기에는 국방장관의 권한을 행사했다. 공안위원회의 결정을 행정위원회는 즉시 집행해야 했다.

4월 7일 오를레앙 공 루이 필립과 그의 3남이 체포되었다.

5월 10일 국민공회는 의사당을 튈르리 궁으로 옮겼다. 국민공회 내에서 지롱드파와 산악파의 대결이 격화되었는데 5월 31일 파리의 상퀼로트가 산악파를 지지하여 봉기했다. 6월 2일에는 8만의 국민방위대가 동조하여 의사당이 소재한 튈르리 궁을 포위했다. 이는 전년 8월 튈르리 궁 습격과 비슷한 양상이었다. 이날 산악파 일색의 국민공회는 지롱드파 의원 29명과 장관 2명의 체포를 의결했다. 체포령이 의원 가운데 일부가 도주에 성공하고 브리소(Jacques Pierre Brissot, 1754~1793) 등 21명이 체포되었다. 이후 산악파의 독재가 시작되었다.

7월 13일 지롱드파를 지지하는 25세의 미혼 여성 코르데 다르몽(Marie-Anne Charlotte de Corday d'Armont, 1768~1793)이 마라의 집을 방문하여 식칼로 암살하였다. 코르데 다르몽은 17세기 프랑스 3대 극작가의 한 사람인 코르네유(Pierre Corneille, 1606~1684)의 자손으로 루소의 저작물을 많이 읽었다. 코르데 다르몽은 체포되어 16일 혁명재판소에서 사형을 선고받았는데, 그녀는 "10만 명을 살리기 위해 한 사람을 죽였다"고 말했다.

7월 17일 코르데 다르몽은 혁명 광장에서 처형되었다. 처형장으로 가는 수레에 동승한 샤를 앙리 상송은 회고록에서 이 처형에 대해 상세히 서술했는데 이런 대목이 있다.

> 생 오노레 거리의 한 창가에 시민 로베스피에르, 카미유 데물랭 그리고 당통이 있는 것을 나는 알아보았다. 시민

로베스피에르는 매우 활기차 보였고 동료에게 말을 많이 했다. 그러나 그들은, 특히 시민 당통은 사형수를 뚫어지게 보느라 귀를 기울이지 않는 듯 했다. 나 자신도 그녀를 보려 고개를 돌릴 때마다, 그리고 보면 볼수록 더욱 보고 싶었다. 그것은 그녀의 뛰어난 미모 때문은 아니었다. 그 아름다움 때문이 아니라 마지막까지 어떻게 저렇게 온화하고 의연할 수 있는 지 믿을 수 없었다. 나는 그녀가 다른 사람들처럼 연약함이 있음을 확인하고 싶었다. 그러나 왜 그런지 모르겠지만, 그녀를 보려 내 눈을 돌릴 때마다 나는 그녀가 실신했을까 두려워 몸이 떨렸다.

코르데 다르몽의 잘린 머리를 목수 르그로(Legros)가 쳐들어 군중에게 보였다. 르그로는 단두대를 수리하러 일찍이 왔다가 처형을 본 것이었다. 마라를 숭배하는 르그로는 잘린 머리의 뺨을 때렸다. 코르데 다르몽을 경외하는 눈으로 보던 군중은 분노했다. 이에 혁명재판소는 르그로를 3개월간 투옥했다. 이는 산악파가 대중추수주의에 매몰되었음을 잘 보여주는 일화이다.

로베스피에르, 당통 등 산악파 지도부는 머리가 잘린 코르데 다르몽의 시신을 곧장 검시하도록 했다. 그들은 그녀와 '침대를 공유하는 남자'가 있어 암살을 공모했다고 굳게 믿었다. 혁명재판소 소속의 공공 고소인 푸키에 탱빌(Fouquier Tinville)은 법정에서 코르데 다르몽에게는 애인이 여럿 있다고 주장했다. 그러나 이들에게는 실망스럽게도 코르데 다르몽은 처녀로 판명되었다. 이 문제는 프랑스 전역에서 여성들의 관심을 끌었다. 프랑스 여성들은 혁명 후 남성이 여성을 지배하는 데 항의하였는데, 코르데 다르몽이 '남자의 지배를 받아' 마라를 암살한 것이 아닌 것으로 드러난 것이다. 이것은 산악파의 여성관을 잘 드러낸 일화였다.

7월 당통이 공안위원회에서 물러나고 공안위원회는 재조직되었다. 7월 27일에는 로베스피에르가 공안위원회 위원이 되었다. 로베스피에르, 쿠통(Georges Auguste Couthon, 1755~1794), 생 쥐스트, 카르노 등이 주요 인물인 공안위원회 위원의 평균 나이는 30세 정도였다.

8월 1일 국민공회 의장이자 공안위원회 위원인 베르트랑 바레르(Bertrand Barère de Vieuzac, 1755~1841)는 마리 앙투아네트를 재판할 필요성을 제기했다. 바레르는 "적들에게 프랑스가 약하다는 잘못된 인상을 심어준 것은 너무나 오래 잊혀져온 그 오스트리아 여자의 범죄 … 그 카페 가족에 대한 우리의 기이한 무관심" 때문이라 주장했다.

9월 2일 산악파의 지도적 인물 에베르(Jacques René Hébert, 1757~1794)는 공안위원회에서 다른 위원들을 바라보며 큰 소리로 말했다.

> 나는 앙투아네트의 머리를 약속했습니다. 만약 그것을 받는 데 조금이라도 지체되는 일이 있다면 내가 직접 가서 그 머리를 자르겠습니다. 나는 당신들을 위해 그 머리를 요구하고 있는 상퀼로트에게 약속했는데, 그들이 없다면 당신들은 살아있지 못할 겁니다,

9월 17일 공안위원회는 혐의법(Loi des suspects)을 통과시켰다. 이 법은 귀족, 망명귀족의 친인척, 물러난 관리, 반역이 의심스러운 장교, 매점매석자 등 혁명의 적이 될 가능성이 있는 사람들을 체포 기소할 수 있게 했는데, 피의자들은 스스로 무죄를 입증해야 했다.

10월 3일 체포된 지롱드파 21명의 재판이 시작되었다. 이들은 '반혁명과 외세, 특히 영국의 간첩'이라는 혐의로 기소되었다.

10월 14일 월요일 마리 앙투아네트는 혁명재판소의 법정에 섰다. 재판 중에 에베르는 마리 앙투아네트, 엘리자베트 공주가 어린 태자와 근친상간을 했다고 모함하기까지 했다. 국민회의 의장이었고 파리 시장이었던 혁명의 영웅 바이는 마리 앙투아네트에게 불리한 증언을 하도록 강요받았으나 그는 거부하고 오히려 유리한 증언을 했다(바이는 7월에 체포되었다. 마리 앙투아네트에게 유리한 증언을 하여 바이의 운명은 결정이 났다. 바이는 이를 잘 알면서 증언을 했다).

10월 16일 새벽 4시 혁명재판소는 반역죄로 사형을 선고했다. 이는 일찍이 로베스피에르가 주도하는 공안위원회가 결정한 것이었다. 사형선고를 통지받은 마리 앙투아네트는 시누이인 엘리자베스에게 편지를 썼다.

10월 16일 아침 4시 반(ce 16 octobre à 4 h ½ du matin)

시누이여, 이제 마지막으로 당신에게 이 글을 씁니다. 나는 조금 전 사형을 선고 받았습니다. 그러나 그것은 부끄러운 죽음이 아니라 – 오직 범죄자에게나 죽음이 부끄러운 것입니다 – 당신의 오라버니를 다시 만나는 것입니다. 그이가 결백해서 그랬듯이, 나도 그이처럼 당당하게 최후의 순간을 맞이하고 싶습니다.

C'est à vous, ma Sœur, que j'écris pour la dernière fois. Je viens d'être condamnée non pas à une mort honteuse, elle ne l'est que pour les criminels, mais à aller rejoindre votre frère ; comme lui innocente, j'espère montrer la même fermeté que lui dans ces
derniers moments.

*

나는 양심에 거리낄 것이 없기에 평온하지만, 가엾은 나의 아이들을 두고 떠난다는 것이 몹시 가슴 아픕니다. 시누이께서도 아시다시피 나는 오직 아이들만 보고 살아왔고, 선량하고 상냥한 시누이께서는 우정 때문에, 우리와 함께 있기 위하여 모든 것을 희생했습니다. 이제 나는 이러한 속박에서 시누이를 놓아 드립니다!

Je suis calme comme on l'est quand la consience[sic] ne reproche rien, j'ai un profond regret d'abandonner mes pauvres enfants ; vous savez que je n'existois que pour eux, et vous, ma bonne et tendre Sœur : vous qui avez par votre

amitié tout sacrifié pour être avec nous ;
dans quelle position je vous laisse !

*

나는 재판 중에 변론을 통해 그들이 내 딸을 시누이 품에서 갈라놓았다는 사실을 알게 되었습니다. 아아! 가엾은 아이, 나는 그 아이에게 편지를 쓸 엄두가 나지 않습니다. 쓴다고 해도 나의 편지를 받지도 못할 것입니다. 사실 시누이도 이 편지를 받을 수 있을지 모르겠습니다. 두 아이들을 위한 나의 축복을 시누이가 대신 받아주세요.

J'ai appris par le plaidoyer même du procès que ma fille étoit séparée de vous. Hélas ! la pauvre enfant, je n'ose pas lui écrire, elle ne recevroit pas ma lettre je ne sais même pas si celle-ci vous parviendra, recevez pour eux deux ici, ma bénédiction.

*

아이들이 더 자란 후 언제가 시누이와 재회하여 따뜻한 보살핌을 받기를 바랍니다. 두 아이들이 내가 늘 가슴에 품게 한 것을 잊지 말았으면 합니다 : 원칙을 지키고 자신의 의무를 이행하는 것이 인생의 첫째가는 기본이라는 것을, 서로 우애하고 믿을 때 행복할 수 있다는 것을. 이제 동생보다 더 많이 인생 경험을 한 내 딸이 그 경험과 애정으로 동생을 잘 이끌어갈 나이가 되었다는 것을 스스로 깨닫게 해주십시오.

그리고 내 아들은 누나를 사랑으로 대하고 누나의 말을 잘 따라야 할 것입니다.

두 아이들이 앞으로 어떠한 처지에 놓이더라도 둘이 힘을 합쳐야만 진정 행복해질 수 있다는 것을 깨달았으면 합니다.

J'espère qu'un jour, lorsqu'ils seront plus grands, ils pourront se réunir avec vous, et jouir en entier de vos tendres soins. Qu'ils pensent tous deux à ce que je n'ai cessé de leur inspirer, que les principes, et l'exécution exacte de ses devoirs sont la première base de la vie ; que leur amitié et leur confiance mutuelle, en feront le bonheur ; que ma fille sente qu'à l'âge qu'elle a, elle doit toujours aider son frère pour les conseils que [rature] l'expérience qu'elle aura de plus que lui et son amitié pourront lui inspirer ; que mon fils à son tour, rende à sa sœur, tous les soins, les services que l'amitié peut inspirer ; qu'ils sentent enfin tous deux que, dans quelque position où ils pourront se trouver, ils ne seront vraiment heureux que par leur union.

우리가 불행한 때에도 우리 둘은 우애로 참으로 큰 위안을 얻었는데, 아이들이 우리를 본받았으면 합니다. 그리고 행복은 친구와 함께 나누면 두 배가 됩니다. 자기 가족의 품 아닌 다른 그 어디에서 더 다정하고 더 소중한 행복을 찾을 수 있겠습니까?

Qu'ils prennent exemple de nous, combien dans nos malheurs, notre amitié nous a donné de consolations, et dans le bonheur on jouit doublement quand on peut le partager avec un ami ; et où en trouver de plus tendre, de plus cher que dans sa propre famille?

*

내 아들이 아버지가 남긴 마지막 말을, 내가 여러 차례 상기해 준 그 말을 결코 잊지 않았으면 합니다. "우리의 죽음에 대해 결코 복수하려 하지 마라."

Que mon fils n'oublie jamais les derniers mots de son père, que je lui répète expressément : qu'il ne cherche jamais à venger notre mort.

*

나는 시누이에게 마음속에 담아 둔 고통스러운 이야기를 하지 않을 수 없습니다. 지금까지 그 어린 애가 시누이에게 얼마나 큰 고통을 안겨 주었는지 잘 알고 있습니다.
사랑하는 시누이여, 그 아이를 용서해 주세요. 그 아이의 나이를 생각해 보세요.
어린아이로 하여금 그들이 바라는 것을 말하게 하기가 얼마나 쉬운지, 그 어린아이가 이해하지도 못하는 것을 말하게 하기가 얼마나 쉬운지 생각해 보세요. 그 아이가 시누이께서 내 아이들에게 쏟은 온정과 친절의 가치를 이해할 날이 언젠가 오겠지요.

J'ai à vous parler d'une chose bien pénible à mon cœur. Je sais combien cet enfant, doit vous avoir fait de la peine ; pardonnez-lui, ma chère Sœur ; pensez à l'âge qu'il a, et combien il est facile de faire dire a[sic] un enfant ce qu'on veut, et même ce qu'il ne comprend pas, un jour viendra, j'espère, où il ne sentira que mieux tout le prix de vos bontés et de votre tendresse pour tous deux.

(중략)

*

안녕, 착하고 상냥한 시누이여, 이 편지가 전달되었으면! 언제나 나를 생각해주세요.
내 마음을 다해 당신을 포옹합니다. 그리고 이 가엾고도 소중한 아이들도. 아! 아이들과 영원히 이별하자니 가슴이 찢어지는 것 같습니다. 안녕, 안녕! 이제 나의 영적인 의무에 더 이상 전념할 수 없겠네요.

Adieu, ma bonne et tendre Sœur ; puisse cette lettre vous arriver! pensez toujours à moi ; je vous embrasse de tout mon cœur, ainsi que ces pauvres et chers enfants ; mon Dieu ! qu'il est déchirant de les quitter pour toujours. Adieu, adieu ! je ne vais plus m'occuper que de mes devoirs spirituels.

이 편지는 엘리자베스에게 전달되지 않았고 로베스피에르가 보관했다. 로베스피에르 처형 이후 국민의회 의원이었고 당통과 가까웠던 쿠르투아(Courtois)가 입수했는데 왕정복고 후 그는 브뤼셀로 망명했다. 쿠르투아는 시역자 명단에서 벗어나기 위해 이 편지를 루이 18세에게 보냈다.

10월 16일 아침 혁명 광장에 군중이 꽉 들어찼다. 이번에는 샤를 앙리 상송의 아들 앙리 상송이 형을 집행했다. 샤를 앙리 상송은 참관만 했다. 마리 앙투아네트는 루이 16세 처형 후 검은 상복을 입었으나 처형될 때는 흰 평상복을 입어야 했다. 상복이 군중의 동정을 부를까 우려한 조치였다. 손이 묶인 채로 수레에 실려 12시 경 혁명 광장에 도착했다. 단두대의 계단을 올라갔는데 앙리 상송의 발을 밟았다. 마리 앙투아네트는 사과를 했다.

미안합니다, 일부러 그런 것은 아니었어요.
Monsieur, je vous demande pardon, je ne l'ai pas

fait exprès

12시 15분 단두대의 칼날이 떨어졌다. 앙리 상송은 머리를 들어 군중에게 보여주었다(단두대 처형 후 머리를 군중에게 보여주는 것은 규정이었다). 일부 "공화국 만세!"를 외치는 자들이 있었으나 루이 16세 처형 때처럼 군중 다수는 침묵했고 빨리 흩어졌다.

10월 30일 지롱드파 21명은 전원 사형선고를 받았다. 브리소는 스스로 변호하면서 기소 내용이 얼마나 터무니없는지 잘 보여주었으나 혁명재판소는 유죄 판결을 내렸다. 10월 31일 브리소 등 지롱드파 21명이 단두대에서 목이 잘렸다. 이들은 감옥에서 단두대로 이송되는 도중에 혁명가 라 마르세유(La Marseillaise)를 불렀다.

11월 6일에는 왕족으로서 계몽주의를 후원하고 프랑스 혁명을 지지했고 루이 16세 사형에 찬성했던 오를레앙 공 루이 필립이 혁명재판소에서 사형선고를 받고 당일로 단두대에서 처형되었다.

11월 8일에는 계몽주의 신봉자이고 여권 신장을 주장했던 지롱드파의 롤랑 부인(Madame Roland)이 혁명 광장에서 목이 잘렸다. 처형 직전 그녀는 자유의 신상에 절하면서 유명한 말을 남겼다.

> 오 자유여, 너의 이름으로 얼마나 많은 죄악이 저질러지는가!
> O Liberté, que de crimes on commet en ton nom!

이틀 후 그녀의 남편 장 마리 롤랑(Jean-Marie Roland) 자작은 루엥(Rouen)에서 자살했다.

11월 9일과 10일 한때 혁명의 영웅이었던 바이가 혁명재판소에서 재판을 받고 11일 사형선고를 받았다.

11월 12일 차가운 가을비가 내리는 가운데 바이는 샹 드 마르스 광장에서 처형되었다. 처형 장소가 이곳이 된 이유는 이는 그가 이른바 '샹 드 마르스의 학살'을 명령했기 때문이었다. 처형 전 그는 오랜 시간 찬비를 맞으며 떨어야 했고 군중의 야유를 받아야 했다. 사형을 집행한 샤를 앙리 상송은 군중 가운데 한 사람과 바이의 대화를 다음과 같이 기록했다.

너 떨리지, 바이?
Tu trembles, Bailly ?

그래, 그런데 단지 추워서 그랬다네.
Oui, mais c'est seulement de froid.

12월 8일에는 루이 15세의 마지막 애인이었던 뒤 바리 백작 부인이 50세의 나이로 혁명 광장에서 처형되었다. 죄목은 망명 귀족을 도왔다는 것이었다.

💎 공포 정치의 몰락

1794년 3월 13일 밤과 14일 사이 산악파 가운데에서도 좌파라 할 수 있는 에베르 일파가 체포되었다. 산악파도 분열하고 있었는데 에베르 일파 체포로 가시화된 것이었다. 3월 21일부터 24일 혁명재판소에서 재판이 열려 사형이 선고되고 당일 저녁에 사형이 집행되었다.

3월 30일 당통, 데물랭 등 당통 파 15명이 체포되었다. 이들은 4월 3일부터 5일까지 혁명재판소에서 재판을 받았다. 이들에게 유리하게 증언할 증인은 법정에 나설 수 없었다. 4월 5일 사형선고가 내려져 당일로 혁명 광장에서 사형이 집행되었다. 형장으로 호송되기 직전 데물랭은 그의 처 뤼실 데물랭(Lucile Desmoulins)이 전날 체포되었다는 소식에 발광했다. 수레에 실려 호송되는 길에 로베스피에르의 집 앞을 지나자 당통이 외쳤다.

> 로베스피에르, 나 다음은 네 차례야! 너의 집은 부서질 거야! 사람들이 거기에다 소금을 뿌릴 거라고!
> Robespierre, tu me suis! Ta maison sera rasée! On y sèmera du sel!

데물랭은 3번째로 목이 잘렸고 당통은 마지막으로 처형되었다. 처형대에 오른 당통은 군중에게 외쳤다.

> 저 로베스피에르 쥐새끼보다 먼저 가는 것이 유감이다.

당통은 단두대에 목을 누이며 샤를 앙리 상송에게 말했다.

절대로 잊지 마라. 내 머리를 민중에게 보여주는 것을 잊지 마라. 볼만한 머리니까.

N'oublie pas surtout, n'oublie pas de montrer ma tête au peuple : elle est bonne à voir.

4월 13일 데물랭의 처 뤼실 데물랭과 에베르의 처 마리 에베르(Marie Marguerite Françoise Hébert)는 같이 혁명재판소에서 '인민의 안전을 해치려 모의'했다는 혐의로 사형선고를 받고 당일로 처형되었다.

5월 8일 '근대 화학의 아버지'인 라부아지에는 혁명재판소에서 사형선고를 받고 당일 저녁 혁명 광장에서 처형되었다.

다음날 수학자 라그랑주(Joseph-Louis Lagrange, 1736~1813)는 그의 죽음을 애석해 하며 말했다.

그들이 그 머리를 베어 떨어뜨리는 데는 한 순간이면 되었지만, 그와 같은 머리를 다시 만들려면 아마도 100년으로도 충분하지 않을 것이다.

Il ne leur a fallu qu'un moment pour faire tomber cette tête et cent années, peut-être, ne suffiront pas pour en reproduire une semblable.

5월 9일 루이 16세의 여동생 엘리자베스는 혁명재판소에 끌려가 재판을 받았다. 루이 16세의 망명을 돕고 망명 귀족에게 자금을 지원하고 1792년 8월 10일 사건에서 국왕을 지키는 스위스 병사들을 격려했다는 죄목이었다. 재판부가 그녀를 '폭군의 여동생'이라 부르자 이렇게 응수했다.

> 나의 오라버니가 당신들이 부르는 그러한 존재였다면, 당신들은 이 자리에 있지 않았을 것이고, 나 역시 이 자리에 있지 않았을 것이오!

> Si mon frère eût été ce que vous dites, vous ne seriez pas là où vous êtes, ni moi, là où je suis!

재판 당일로 사형이 선고되었고 다음날인 5월 10일 엘리자베스는 30세의 나이로 단두대에서 처형되었다. 이번에도 사형집행인은 샤를 앙리 상송이었다.

6월 10일 국민 공회는 프레리알 22일 법(loi du 22 Prairial)을 제정하였다. 이 법은 전년의 혐의법을 훨씬 강화한 것이었는데 피고인은 변호사의 도움을 받을 수 없도록 했고, 피고인에 유리한 증언을 하려는 증인도 채택할 수 없도록 했다. 그리고 증거 없이도 배심원의 심증만으로 유죄판결을 할 수 있도록 했다. 유죄일 경우 처벌은 무조건 사형이었다. 공안위원회 위원으로 변호사 출신인 쿠통이 프레리알 22일 법을 제안하고 로베스피에르가 지지하였다. 로베스피에르와 쿠통은 반대를 우려해 공안위원회와는 상의하지 않고 곧장 국민 공회에 이 법률안을 제출했다. 당연히 반대하는 의견이 있었으나 로베스피에르가 반대표를 던지는 자는 공화국에 대한 반역자로 처벌받을 수 있다고 암시하여 찬반투표에서 통과되었다.

프레리알 22일 법의 제정으로 사형선고와 집행이 폭증하였다. 혁명재판소는 마땅한 죄목이 없으면 억지 구실을 붙여 100% 유죄를 선고했으므로 기소는 사형을 의미했다. 파리의 사형집행관 샤를 앙리 상송에게는 집행을 돕는 조수가 4명 있었으나 16명까지 늘어났다. 6월 어느 날 상송은 루이 16세 처형 못지않게 충격적인 사형을 집행하였다. 어느 여배우의 가정부였던 어린 소녀가 여배우가 투옥되자 덩달아 투옥되고 혁명재판소에서 같이 사형선고를 받았다. 이 소녀는 10대 초반의 미성년임이 확실했는데도 혁명재판소의 판사들은 18세라며 사형을 선고했다. 어린 소녀는 당당하게 앞으로 걸어 나와 기요틴의 상판 위에 엎드리고는 상송에게 "이렇게 하면 되는 건가요? 집행관님?"하고 물었다. 자제력이 강한 상송도 아찔하여 관중이 소녀를 구출하기를 간절히 바랬지만, 기요틴 처형에 익숙해진 군중은 무표정하게 바라보기만 했다. 간혹 "불쌍하게도, 아직 어린애인데"라는 동정의 말이 나왔지만 행동에 옮기는 자는 아무도 없었다. 이날 처형된 사람은 54명이었는데, 소녀는 9번째로 집행되었다. 소녀를 처형한 후 상송은 아우 마르탱 상송에게 맡기고 처형장을 떠났다.

상송은 돌아가는 길에 다리가 떨려 걷기 힘들었고 거리에서 구걸하는 소녀를 조금 전 처형한 소녀로 오인하기도 했다(스탈린의 대숙청과 달리 공포 정치 시절에 정치범에 대한 고문은 없었다고 옹호하기도 한다. 그러나 얼마든지 잡범도 정치범으로 간주할 수 있었고 심증만으로도 사형선고를 내릴 수 있었으므로 사형에 해당하는 죄를 저질렀다는 자백을 받으려 고문할 필요가 전혀 없었다).

7월 22일 라파예트 후작의 장모인 에이앙 공작부인(duchesse d'Ayen) 앙리에트 대그소(Henriette-Anne-Louise d'Aguesseau, 1737~1794)와 그녀의 시어머니인 노이아유 공작부인, 시누이인 에이앙 자작부인이 단두대에서 처형되었다(노이아유 공작부인은 팔순의 노파였다).

7월 27일 이른바 테르미도르의 쿠데타로 로베스피에르 일파는 몰락했다. 프레리알 22일 법이 제정된 지 47일만의 일로 광기어린 마구잡이 사형에 민심이 돌아선 결과였다. 로베스피에르의 명령을 충실히 수행해온 공공 고소인 푸키에 탱빌이 이번에는 로베스피에르 일파를 체포했다. 로베스피에르, 생쥐스트, 쿠통 등 22명은 재판도 받지 못하고 28일 오후 혁명 광장에서 목이 잘렸다. 로베스피에르는 10번째로 처형되었다. 로베스피에르의 머리가 들려지자 군중은 환성을 질렀다. 이날부터 파리 코뮌의 주요 인사들은 대거 체포되었다. 29일에는 71명이, 30일에는 12명이 처형되었다.

로베스피에르 일파의 몰락으로 공포 정치는 끝나고 감옥에서 처형을 기다리던 많은 사람들이 살았다. 토마스 페인과 경제학자 피에르 뒤퐁(Pierre Samuel du Pont de Nemours)도 이 가운데 있었다.

혁명재판소가 기능한 1793년 3월 말부터 프레리알 22일 법이 제정된 1794년 6월 10일까지 14개월여 동안 파리의 혁명재판소는 1251명에게 사형을 선고했다. 프레리알 22일 법이 제정되어 테르미도르의 쿠데타까지 47일 동안 혁명재판소는

1515명에게 사형을 선고해 모두 혁명 광장에서 처형되었다. 1년이 채 안 되는 공포 정치 시기에(공포 정치는 1793년 9월 5일에 시작하여 1794년 7월 27일 끝난 것으로 봄) 전국적으로 50만 명이 투옥되고 1만 6천이 처형된 것으로 추정된다. 재판 없이 처형된 숫자까지 합하면 4만이 죽은 것으로 추정된다. 당시 프랑스 인구가 2,400만에서 2,600만 명으로 추산되니 600명에 한 사람 꼴, 또는 650명에 한 사람 꼴로 처형된 셈이다.

8월 1일 프레리알 22일 법이 폐지되었다. 이날 로베스피에르에 충성했던 혁명재판소 소속의 공공 고소인 푸키에 탱빌, 판사, 배심원 전원에게 체포령이 내려졌는데 6명은 도주했다.

1795년 3월 29일부터 41일간 푸키에 탱빌 등 24명에 대한 재판이 새로이 구성된 혁명재판소에서 열렸다. 탱빌은 단지 공안위원회와 국민공회의 포고령에 따랐을 뿐이라고 자신을 변호했지만 권력의 주구에 불과했던 그를 동정하는 사람은 없었다. 1795년 5월 6일 탱빌 등 16명에게 사형선고가 내려졌다. 5월 7일 아침 그레브 광장에서 사형이 집행되었는데 탱빌은 마지막으로 단두대에 올랐다. 푸키에 탱빌은 처형되기 직전 사형집행관 샤를 앙리 상송에게 저주의 말을 퍼부었다.

> 머지않아 자네의 목도 무사하지 못할 걸세.

이 말 때문이었는지 샤를 앙리 상송은 이 해 8월 은퇴하고 아들 앙리 상송에게 사형집행관 직무를 물려주었다. 상송이 1789년 7월 14일부터 1795년 은퇴할 때까지 집행한 사형 건수는 2,918이었다.

_ 3장 _
프랑스 왕실 다이아몬드의 운명

- 프랑스의 푸른 색, 호프 다이아몬드
- 호프 다이아몬드의 행방
- 호프 다이아몬드의 저주
- 상시 다이아몬드
- 리전트 다이아몬드
- 피렌체 다이아몬드

💎 프랑스의 푸른 색, 호프 다이아몬드

호프 다이아몬드(Hope Diamond)는 처음에는 '왕의 보석(Le Bijou du Roi)' 또는 '프랑스의 푸른색(Le bleu de France)'으로 불렸는데 45.52 캐럿(9.1g)의 짙은 푸른색이 나는 다이아몬드이다. 이 다이아몬드는 1610년 인도 골콘다(Golconda) 왕국의 콜루르(Kollur) 광산에서 채굴된 것으로 추정되는데, 1668년 프랑스 보석상 장 바티스트 타베르니에가 인도에서 유럽으로 가져왔다. 처음 이 대형 다이아몬드의 무게는 115.28 캐럿이었다.

마자랭 추기경은 1661년 세상을 떠나면서 수집했던 다이아몬드를 루이 14세에게 증여했다. 이로 인해 루이 14세는 다이아몬드에 관심을 가지게 되었다. 타베르니에는 1669년 루이 14세에게 이 다이아몬드를 22만 리브르에 팔았다. 이는 당시 순금 147kg에 해당하는 값어치였다. 이때 타베르니에는 귀족 작위를 받았는데, 이는 '프랑스의 푸른색' 가격의 일부로 보인다. 당시 프랑스의 재무총감 콜베르(Jean-Baptiste Colbert)는 재정을 호전시키려 정기적으로 관직과 작위를 돈을 받고 팔았는데, 귀족 작위의 가격은 50만 리브르였다. 그렇다면 타베르니에는 '프랑스의 푸른 색'을 72만 리브르(2010년 가치로 72억에 해당)에 판 것이다.

1678년 루이 14세는 왕실 보석상 장 피탕(Jean Pittant)에게 '프랑스의 푸른 색'을 다시 세공하도록 하여 67.125 캐럿(13.425g)이 되었다. 피탕은 2년 동안 정성껏 세공했는데, 그 푸른빛의 찬란함에 보는 사람은 숨이 막힐 지경이었다고 한다. 이후 프랑스 왕실의 재산목록에는 '프랑스 왕관의 푸른 다이아몬드(diamant bleu de la Couronne de France)'로 기재되어 보관되었다. 루이 14세는 이 다이아몬드를 넥타이핀의 장식으로 세팅하여 주요한 의식에 착용했다.

루이 14세의 뒤를 이어 프랑스 국왕이 된 루이 15세는 1749년 보석상 피에르 앙드레 자크맹(Pierre-André Jacquemin)으로 하여금 '프랑스의 푸른 색'을 황금 양모 기사단 훈장의 펜던트에 세팅하게 했다. 이 펜던트에는 83개의 붉게 칠한 다이아몬드, 112개의 노란 칠을 한 다이아몬드가 장식되었다.

1789년 프랑스에 혁명이 일어나 루이 16세와 왕실은 수난을 겪는다. 이 해 10월 튈르리 궁으로 강제 이주되었고 1792년 8월에는 탕플 탑에 감금되었다.

1792년 9월 11일 카데 기요(Cadet Guillot) 등 일단의 도둑들이 왕실의 보물 창고로 혁명 광장에 있는 가드 뫼블(Garde-Meuble de la Couronne)에 침입해서 5일간 머무르며 프랑스 왕관에 장식된 보석 7천 개를 약탈했다. 프랑스 혁명 지도자 가운데 한 사람인 당통이 브룬스비크 공작 칼 빌헬름을 매수하는 데 쓰려고 이 일을 획책했다는 추리도 있다. 1792년 4월 프랑스가 오스트리아에 선전포고를 하자 마리아 테레지아의 손자인 신성로마제국 황제 프란츠 2세와 프로이센 국왕 프리드리히 빌헬름 2세(Friedrich Wilhelm II, 재위 1786~1797)는 이 해 여름 브룬스비크 공작을 연합군 사령관으로 임명했다.

루이 16세는 1793년 1월 단두대에서 처형되고 마리 앙투아네트는 같은 해 10월 처형되었는데, 이는 다이아몬드의 저주 탓이라고 세간에서는 인식했다. 그러나 '프랑스의 푸른색'이 세팅된 펜던트는 국왕만 사용하게 되어 있었으므로 마리 앙투아네트는 한 번도 이 펜던트를 착용하지 않았다.

도난당한 보석 대부분이 회수되었지만 프랑스 왕관의 푸른 다이아몬드는 찾을 수 없었다. 카데 기요가 재빨리 노르망디 지방의 항구 도시 르아브르(Le Havre)를 거쳐 런던으로 가져간 것으로 추정하기도 한다. 런던에서 이 다이아몬드는 두 조각으로 나뉘어져 다시 세공되었다. 그 중 큰 조각이 오늘날 호프 다이아몬드로 알려진 다이아몬드이다. 그러나 '프랑스의 푸른 색'을 받은 브룬스비크 공작이 그 정체를 숨기려 다시 세공하게 했다는 추리도 있다.

💎 호프 다이아몬드의 행방

1802년 종신 통령이 된 나폴레옹은 1804년 11월 국민투표로 황제로 '선출'되어 12월 2일 파리의 노트르담 성당에서 교황 피우스 7세(Pius VII)가 집전한 대관식을 올렸다.

1804년 12월 스웨덴과 동맹을 맺은 영국은 1805년 4월 러시아와 동맹 조약을 체결하여 3차 대(對) 프랑스 동맹을 결성하였다. 몇 달 후 오스트리아도 이에 가담했다.

나폴레옹은 영국 본토를 침공할 계획으로 프랑스 북부 해안에 있는 불론느(Boulogne)에 병영을 설치하고 7개 군단으로 편성된 20만 대군을 훈련시켰다. 그러나 대륙 방면에서의 적의 침공 가능성이 커지자 나폴레옹은 선제공격을 하기로 결정했다. 9월 25일 은밀히 라인강을 건넌 20만 프랑스군은 10월 울름 전투(Battle of Ulm)의 승리로 오스트리아군 2만 3천을 포로로 잡았다. 이를 합하여 여러 차례 패전에서 포로가 된 오스트리아군은 모두 6만이나 되었다. 프랑스군의 사상자수는 겨우 2천이었다. 그러나 이 승리는 10월 21일 트라팔가 해전에서 프랑스 해군이 대패해 빛을 바랬다. 프랑스군은 진격을 계속하여 11월에는 오스트리아의 수도 비인을 점령했다.

도피한 신성로마제국 황제 프란츠 2세는 러시아의 알렉산드르 1세와 연합하여 나폴레옹과 결전하기로 했다. 나폴레옹은 프랑스군이 불리한 상태라고 속이기 위해 아우스터리츠(Austerlitz, 현재의 체코 공화국의 슬라프코프) 부근에 있는 프라첸(Pratzen) 고지마저 포기했다. 1805년 12월 2일(나폴레옹이 황제 대관식을 거행한 지 꼭 1년이 되는 날) 8만 5천의 러시아-오스트리아 연합군이 6만 7천 병력의 프랑스군과 아우스터리츠에서 전투를 벌였다. 나폴레옹 1세, 알렉산드르 1세, 프란츠 2세 등 3명의 황제가 참전하였으므로 아우스터리츠 전투를 삼제회전(三帝會戰, Battle of the Three Emperors)으로 부르기도 한다. 나폴레옹은 프라첸 고지 밑에 프랑스군을 배치하고 일부러 우익을 약화시켜 연합군을 유인하였다. 프랑스군 우익을 집중 공격한 연합군은 프라첸 고지에 주둔한 중앙이 약화되었다. 장 드 디으 술트(Jean-de-Dieu Soult) 원수가 지휘하는 프랑스 4군단이 연합군 중앙을 돌파하여 대승을 거두었다. 전사자 2만 명을 낸 러시아는 자국 영토(옛 폴란드 령)로 후퇴했다.

프란츠 2세는 나폴레옹에 강화를 요청하여 12월 26일 프랑스와 프레스부르크 조약(Treaty of Pressburg)을 체결하였다. 이 조약의 내용은 신성로마제국의 해체를 의미했다. 이로서 제 3차 대 프랑스 동맹은 해체되었다.

1806년 7월 나폴레옹이 독일 남서부에 있는 16개국을 지원하여 라인동맹(Rheinbund)이 결성되었다. 프랑스군이 이 일대에 주둔하였는데, 국경을 마주한 프로이센은 위협을 느꼈다.

1806년 10월 프로이센은 러시아, 영국, 스웨덴, 작센과 더불어 4차 대 프랑스 동맹을 결성하여 나폴레옹의 프랑스 제국에 대항하였다. 브룬스비크 공작이 프로이센군의 사령관이 되었다. 1806년 10월 2일 18만의 프랑스군은 바이에른의 프랑켄발트(Frankenwald) 고원 지대를 넘어 프로이센 영토로 진입했다. 10월 14일 예나(Jena)와 아우어슈테트(Auerstedt)에서 동시에 전투가 벌어졌다. 예나에서 브룬스비크 공작이 지휘하는 6만 프로이센군은 나폴레옹이 지휘하는 4만 프랑스군에 대패하였다. 브룬스비크 공작은 머스켓 소총에 맞아 두 눈을 모두 실명하였다. 아우어슈테트 전투에서는 6만 3천의 프로이센군이 다부(Louis-Nicolas d'Avout) 원수가 지휘하는 2만 7천의 프랑스 3군단에 참패했다.

살아남은 프로이센군은 후퇴하여 마그데부르크 인근에서 엘베 강을 건넜다. 프랑스군은 프로이센군을 맹렬히 추격하였는데 일부는 10월 24일 수도 베를린을 점령했다. 프로이센 국왕 프리드리히 빌헬름 3세(Friedrich Wilhelm III, 재위 1797 ~ 1840)는 동프로이센으로 도피했다. 나폴레옹은 10월 27일 베를린에 들어가 프리드리히 2세의 무덤을 찾아가 경의를 표했다. 나폴레옹은 대동한 원수들에게 "이 분이 살아있다면 우리는 오늘 여기 있지 못했을 거요."라고 말했다고 한다.

10월 28일 조아킴 뮈라(Joachim Murat, 1767~1815) 원수가 지휘하는 1만 2천 병력의 2개 프랑스 기병사단은 베를린에서 북으로 90km 거리인 프렌츨라우(Prenzlau)에서 프러시아군 1만의 항복을 받았다. 이후 프로이센군과 여러 요새가 연이어 투항했다.【뮈라는 기병 지휘의 달인으로 1795년부터 나폴레옹의 측근이 되었다, 1799년 브뤼메르 18일의 쿠데타에는 척탄병을 이끌고 의원들을 의사당에서 쫓아냈다. 1800년에는 나폴레옹의 여동생 카롤린 보나파르트(Caroline Bonaparte)와 결혼했다.】

11월 6일 프랑스군은 잔존한 프로이센군을 뤼벡(Lübeck)에서 격파하였다. 프랑스군은 뤼벡 시를 대대적으로 약탈했다. 총 병력 25만을 보유했던 프로이센은 프랑스와의 전쟁으로 모두 6만 5천의 사상자와 15만이 포로가 되는 손실을 입었다. 프랑스군의 사상자는 모두 합쳐 1만 5천이었다.

11월 21일 나폴레옹은 베를린에서 대륙봉쇄령을 발표하였다.

브룬스비크 공작은 예나 전투에서 부상을 입은 지 한 달이 지나지 않아 1806년 11월 10일 사망하고 그의 가족은 영국으로 도피했다. 이때 프랑스 왕관의 푸른 다이아몬드가 영국으로 왔을 가능성이 있다.

영국에는 브룬스비크 공작의 딸 캐롤라인(Caroline Amelia Elizabeth of Brunswick-Wolfenbüttel, 1768~1821)이 영국 태

자비로 살고 있었다. 캐롤라인의 모친은 조지 3세(George III, 재위 1760~1820)의 누나인 아우구스타 공주(Princess Augusta)였다.

1762년 생인 조지 3세의 태자 조지 아우구스투스 프레더릭(George Augustus Frederick)은 사치스럽고 방탕한 생활로 이름이 높았다.

그는 17세인 1779년 여배우이자 시인이고 극작가인 메리 로빈슨(Mary Robinson, 1758~1800)을 2만 파운드(2018년 화폐가치로 236만 파운드)를 주겠다며 애인으로 삼았다. 오래 가지 못하고 1781년에 헤어졌는데 메리 로빈슨은 연애편지를 공표하겠다고 협박하며 일시금으로 5천 파운드와 5백 파운드의 연금을 요구했다. 부왕 조지 3세가 돈을 지불했다.

조지 3세 (George III, 재위 1760 ~ 1820)

이름은 조지 윌리엄 프레더릭(George William Frederick)으로 1738년 조지 2세의 장남인 프레더릭 루이스(Frederick Louis)의 장남으로 태어났다. 예정일보다 2개월이나 빠른 조산이었는데, 나중에 국왕이 되고 나서 가끔 정신이상을 일으킨 것을 이 때문으로 보는 견해도 있다.

1707년 생인 프레더릭 루이스는 부모인 조지 2세 부부가 1714년 조지 1세로 즉위하는 할아버지를 따라 영국으로 가자 하노버에 홀로 남아 자랐다. 1727년 부친이 조지 2세로 즉위하자 이듬해 영국으로 갔다. 부모와 오랫동안 떨어져 산 프레더릭 루이스는 태자가 되었지만 부왕 조지 2세와 사이가 아주 나빴다. 1751년 프레더릭 루이스는 폐에 생긴 종양으로 세상을 떠났다.

어린 시절 조지 윌리엄 프레더릭은 아버지인 프레더릭 루이스를 미워했던 할아버지 조지 2세에 대해 마음 깊이 반감을 품었고 일종의 자폐증이 생겼다.

조지 윌리엄 프레더릭은 1760년 왕위에 올라 조지 3세가 되었다. 그는 증조부, 조부, 그리고 아버지와는 달리 독일 악센트가 전혀 없는 영어를 구사했다. 또한 항상 열심히 배우려 노력하는 모습을 보여주었다. 또한 역대 어느 왕보다도 독실한 신앙인이기도 했다.

59년이 넘는 그의 치세 동안 미국독립전쟁, 프랑스 혁명, 나폴레옹 전쟁 등의 대사건이 많았으며 영국의 산업혁명도 본격화되었다. 그의 치세에 윌리엄 피트 1세(William Pitt The Elder)와 윌리엄 피트 2세(William Pitt The Younger)가 수상 등의 요직을 맡으며 큰 역할을 했다. 그는 자주 정신착란을 일으켜 4번의 대리청정 체제를 거쳤는데 섭정은 다음과 같다.

수상 윌리엄 피트 1세(1766년 7월 30일~1768년 10월 14일)
수상 윌리엄 피트 2세(1783년 12월 19일~1801년 3월 14일)
수상 윌리엄 피트 2세(1804년 5월 10일~1806년 1월 23일)
태자 조지 아우구스투스 프레더릭(1811년 2월 5일~1820년 1월 29일)

1810년 막내딸 아멜리아 공주(Princess Amelia)가 죽자, 큰 충격

> 을 받은 조지 3세는 건강이 무척 나빠졌는데 이듬해 지병인 착란 증세를 다시 일으켰다. 이미 백내장으로 거의 실명한 상태였다. 이번에는 예전처럼 빨리 회복하지 못했다. 의회는 태자의 섭정을 인정했다. 조지 3세는 끝내 회복하지 못하고 1820년 1월 29일 윈저 궁에서 세상을 떠났다.

1784년 봄 태자 조지는 카톨릭 교도인 6세 연상의 과부 마리아 앤 피츠허버트(Maria Anne Fitzherbert, 1756~1837)에게 푹 빠졌다. 1785년 12월 두 사람은 비밀 결혼식을 올렸다. 1772년의 왕실 결혼법(Royal marriages Act)에 따르면 왕자의 결혼에는 국왕과 추밀원의 허가가 필요했다. 그리고 카톨릭교도와 결혼하면 왕위 계승권을 박탈당했다.

해마다 5만 파운드(2018년 화폐 가치로 약 591만 파운드)를 부왕 조지 3세로부터 받았지만 호화스런 생활로 태자 조지의 채무는 엄청나게 늘어만 갔다. 조지 3세는 그를 돕기를 거부하며 피츠허버트와 헤어질 것을 요구했다.

1787년 태자와 가까운 휘그당은 의회가 그의 채무를 갚도록 했다. 의회는 16만 1천 파운드를 주고 태자의 거처인 칼튼 하우스(Carlton House) 수리비에 6만 파운드를 따로 주었다.

1795년 태자 조지의 채무는 63만 파운드에 이르렀는데 조지 3세는 고종사촌인 캐롤라인과 결혼하지 않으면 도와주지 않겠다고 했다. 태자가 받아들이자 영국 의회는 그에게 해마다 6

만 5천 파운드를 더 지급하기로 하여 문제를 해결해 주었다.

1795년 4월 8일 태자 조지 아우구스투스 프레더릭은 고종사촌인 6년 연상의 캐롤라인과 결혼했다. 처음부터 서로 끌리지 않은 태자 부부는 사이가 좋지 않았는데 1796년 샤를롯 공주(Princess Charlotte)가 태어난 후 두 사람은 별거했다. 이후 가계를 유지하기 위해 태자비 캐롤라인은 소유한 보석을 은밀히 팔아야 했다.

보석상 겸 박물학자이고 곤충학자인 존 프랜실론(John Francillon)은 런던의 다이아몬드 상인 다니엘 엘리어슨(Daniel Eliason)이 문제의 다이아몬드를 소유하고 있음을 1812년 9월 기록했다. 프랜실론은 엘리어슨의 다이아몬드를 도면에 그리고 색칠도 넣었다. 그리고 그림 밑에 엘리어슨이 허락하여 그렸다는 메모를 남겼다.

그 내용은 다음과 같다.

> 위의 그림은 매우 호기심을 끄는 최고급의 짙은 푸른색 다이아몬드의 사이즈와 형태를 정밀히 그린 것이다. 브릴리언트 컷을 했고 짙은 푸른색 사파이어와 같다.
> 아름다움으로 충만하며 흠집이 없는 완벽함이다. 그리고 다이아몬드의 전면이 색채가 완벽하다. 나는 다니엘 엘리어슨 씨의 양해를 얻어 이 다이아몬드를 연필로 그렸다. 다이아몬드의 컷은 내가 본 어떠한 것보다 뛰어났다. 이 그림의 색칠은 가능한 한 실물의 색깔에 가깝게 했다.

프랜실론이 문제의 다이아몬드를 본 날이 프랑스의 푸른색이 도난당한지 거의 정확하게 20년이라는 점이 주목된다. 나폴레옹 법전에는 장물이 된 프랑스의 재산을 찾을 수 있는 유효기간은 20년으로 규정되었다.

엘리어슨이 이 다이아몬드를 캐롤라인 태자비로부터 구입한 것으로 추리할 수도 있다. 그러나 조지 3세의 태자 조지 아우구스투스 프레더릭이 너무나 엄청난 채무를 갚기 위해 브룬스비크 공작 유가족으로부터 얻은 이 다이아몬드를 비밀리에 팔았다는 주장도 있다. 1820년 1월 조지 3세가 세상을 떠나 태자 조지가 즉위하니 그가 조지 4세(George IV, 재위 1820~1830)이다.

그런데 엘리어슨이 다이아몬드의 실질 소유주가 아니라 구매한 대리인에 불과하다는 말도 있다. 런던의 부유한 은행가 토마스 호프(Thomas Hope, 1769~1831)가 엘리어슨에게 9만 달러를 주고 문제의 다이아몬드를 구입하게 했다는 것이다. 토마스 호프의 조상은 여러 세대에 걸쳐 네덜란드에서 부를 쌓은 은행가 가문이었다. 예술에 관심이 많은 호프 가문은 대대로 많은 예술품을 수집해왔다. 1794년 프랑스 혁명군이 네덜란드로 진격해오자 호프 가족은 오랫동안 수집한 예술품을 들고 영국 런던으로 황급히 도피했다.

1839년 토마스 호프의 동생 헨리 필립 호프(Henry Philip Hope)의 보석 컬렉션 카탈로그에 이 다이아몬드가 등장했다. 이후 호프 가문의 성을 따서 '호프 다이아몬드'라 불리게 된다. 헨리 필립 호프는 카탈로그를 발행한 그 해에 사망하고, 그의 세 조카인 토마스 호프의 아들 삼형제는 유산을 놓고 10년간 법정 다툼을 벌였다. 그의 보석 컬렉션도 분할 상속되는데, 장남인 헨리 토마스 호프(Henry Thomas Hope)가 호프 다이아몬드를 상속했다.

　호프 다이아몬드는 1851년의 영국 박람회와 1855년의 프랑스 만국박람회에 전시되기도 했으나 대개는 은행 금고에 보관되었다. 1861년 헨리 토마스 호프의 유일한 혈육인 헨리에타(Henrietta)가 링컨 백작(Earl of Lincoln)인 헨리 펠럼 클린턴(Henry Pelham-Clinton)과 결혼했다. 1862년 12월 4일 헨리 토마스 호프가 사망하자 그의 처 앤 아델(Anne Adele)이 호프 다이아몬드를 물려받았는데, 그녀는 낭비가 심한 사위가 호프 가문의 재산을 팔아치우지 않을까 걱정했다. 1884년 앤 아델이 세상을 떠나자 호프 다이아몬드를 포함해서 호프 가의 전 재산은 헨리에타의 둘째 아들인 헨리 프란시스 펠럼 클린턴(Henry Francis Pelham-Clinton, 1866~1941)이 법적으로 성년이 되면 성씨에 '호프(Hope)'를 추가한다는 조건으로 그에게 넘겨졌다.

　헨리 프란시스 펠럼 클린턴은 1887년 프란시스 호프 경(Lord Francis Hope)으로서 유산을 물려받았다. 그러나 그는 상속받은 재산을 향유할 수 있을 뿐 법원의 허가 없이는 그것을 팔 수 없었다.

　1894년 프란시스 호프 경은 런던에 공연하러 온 미국 뮤지컬 배우 메이 요헤(May Yohé, 1866 ~ 1938)를 만났다. 그녀는 20세 때인 1886년 오페라단의 소프라노 가수로 데뷔해 곧 미국 전역을 순회공연 할 정도로 성공했다. 메이 요헤는 1893년 런던 공연을 하여 크게 성공해 '두 대륙의 센세이션'이라 불렸다. 메이 요헤는 호프 경의 애인이 되었다가 같은 해 11월 결혼했다. 그녀는 최소 한 번 이상 공식 석상에서 호프 다이아몬드를 착용했다.

프란시스 호프 경은 지나치게 사치스럽게 사는 바람에 재정적으로 어려워지고 결혼생활도 순탄하지 못했다. 이를 타개하려 호프 다이아몬드를 팔려 했다. 1896년 파산 선고를 받았으나 법원의 허가 없이는 호프 다이아몬드를 팔 수 없어 아내의 수입에 의존해야 했다. 1901년 프란시스 호프는 오랜 법정 소송 끝에 '빚을 청산하기 위해' 호프 다이아몬드를 팔 수 있다는 판결을 받았다. 그러나 메이 요헤는 전 뉴욕 시장 윌리엄 스트롱(William L. Strong)의 아들 풋넘 스트롱(Putnam Strong) 대위와 사랑의 도피를 했다.

【프란시스 호프와 메이 요헤는 1902년 이혼했다.】

법정 소송이 끝나자 프란시스 호프는 당장에 호프 다이아몬드를 2만 9천 파운드(2014년 가치로 약 354만 파운드에 해당)를 받고 런던의 보석상 아돌프 웨일(Adolph Weil)에게 팔았다.

아돌프 웨일은 호프 다이아몬드를 뉴욕의 다이아몬드 딜러 사이먼 프랭클(Simon Frankel)에게 25만 달러에 팔았다.

1907년 미국에 경제 위기가 닥쳐왔다. 소비가 급감하여 사치품인 보석을 취급하는 보석업계는 큰 타격을 입었다. 어려움에 처한 프랭클은 호프 다이아몬드를 '재앙을 불러오는 다이아몬드(hoodoo diamond)'라 불렀다. 1908년 프랭클은 호프 다이아몬드를 40만 달러에 오스만투르크의 부호로 다이아몬드 수집이 취미인 셀림 하비브(Selim Habib)에게 팔았다. 셀림 하비브가 오스만투르크 제국의 술탄 압둘 하미드 2세(Abdul Hamid II, 재위 1876 ~ 1909)를 대신해 구매했다는 말도 있었다.

1909년 6월 호프 다이아몬드는 셀림 하비브가 채무를 갚으려 경매에 내놓은 자산의 목록에 들어 있었다. 경매용 카탈로그에는 술탄이 호프 다이아몬드를 소유한 적이 없다고 명기되어 있었다. 그러나 압둘 하미드 2세가 실제 소유했었는데, 그의 왕관이 "비틀거리기 시작하므로" 하비브에게 팔라고 명령했다는 이야기도 있다. 호프 다이아몬드는 이 해 파리에서 8만 달러에 팔렸다고 전해진다.

파리의 보석상 시몽 로즈노(Simon Rosenau)는 호프 다이아몬드를 40만 프랑에 사서 1910년에 피에르 카르티에(Pierre Camille Cartier, 1878~1964)에게 55만 프랑에 팔았다. 피에르 카르티에는 세계적으로 유명한 보석 회사인 카르티에 회사(La société Cartier)를 세운 루이 카르티에(Louis-François Cartier)의 손자였다. 피에르 카르티에는 1902년에는 런던에, 1909년에는 뉴욕에 지점을 세웠다.

피에르 카르티에는 호프 다이아몬드를 미국 수도 워싱턴의 사교계 명사인 에벌린 월시 맥린(Evalyn Walsh McLean)과 그 남편 에드워드 맥린(Edward Beale McLean)에게 팔려 했다. 【에드워드 맥린은 《워싱턴 포스트》지와 《신시내티 인콰이어러》지의 창시자 워싱턴 맥린(Washington McLean)의 손자이다. 에벌린 월시 맥린은 미국 최대의 금광을 소유한 대부호 토마스 월시(Thomas Walsh)의 딸이다. 두 사람은 1908년 결혼했다.】

뛰어난 세일즈 재능이 있는 카르티에는 절제된 말로 호프 다이아몬드의 사연을 설명하여 에벌린의 관심을 끌었다. 그녀는 결국 1911년 호프 다이아몬드를 30만 달러에 구입했다. 에벌린은 공식 행사에서 자주 이 다이아몬드를 착용했다. 이때 이미 호프 다이아몬드는 불행을 가져온다는 소문이 무성했다.

1919년 5월 18일 맥린 부부의 네 자녀 가운데 첫째인 빈슨 맥린(Vinson Walsh McLean, 1909년 12월 18일 생)이 집 앞에서 길을 건너다 차에 치여 죽었다. 막내딸인 에벌린 워싱턴 맥린(Evalyn Washington McLean)은 1941년 10월 9일 19세의 나이로 57세의 상원의원 로버트 레이놀즈(Robert Rice Reynolds)와 결혼했다. 그러나 채 5년이 지나지 않아 변사체로 발견되었다. 검시 결과 사인은 실수로 수면제를 과다 복용한 때문이었다.

맥린 부부는 1932년 이혼했다. 에드워드 맥린은 이혼 후 매우 무절제하게 살았는데, 결국 돈에 쪼들리다 《워싱턴 포스트》를 매각했다. 에드워드 맥린은 1933년에는 메릴랜드 주 법원으로부터 정신 이상이라는 판정을 받았다. 법원은 무기한 정신병원에 입원하라고 명령했다. 에드워드 맥린은 1941년 메릴랜드의 쉐퍼드 앤 에녹 프라트 병원(Sheppard and Enoch Pratt Hospital)에서 심장마비로 사망했다.

에벌린 맥린은 1947년 폐렴으로 세상을 떠났다. 그녀는 유언장에 호프 다이아몬드를 포함한 재산을 손자들에게 상속하나 손자들이 25세가 될 때까지 신탁한다고 했다. 손자들은 모두 5세 이하였다. 그러나 신탁관리인들은 에벌린의 채무를 갚기 위해 보석을 팔 수 있다는 법원의 허가를 얻었다. 1949년 다이아몬드 거상 해리 윈스턴(Harry Winston)이 호프 다이아몬드를 포함하여 에벌린 맥린의 보석 컬렉션 전체를 구입했다. 윈스턴은 호프 다이아몬드의 저주를 믿지 않았다. 윈스턴은 이후 20년간 호프 다이아몬드 등 자신의 보석을 보여주는 투어를 미국 전역에서 열었다.

워싱턴에 있는 스미소니안 자연사 박물관(Smithsonian Natural History Museum)의 광물학자 조지 스위처(George Switzer)는 호프 다이아몬드를 박물관에 기증하라고 해리 윈스턴을 설득했다. 1958년 11월 윈스턴은 호프 다이아몬드를 스미소니안 박물관에 기증했다. 이때 이 다이아몬드의 가치는 1백만 달러였다, 이후 스미소니안 박물관에 자신의 애장품을 기부하는 이가 늘어났다. 호프 다이아몬드는 스미소니안 박물관에 전시되어 있는 보석 중에서 가장 관람객의 인기를 끌고 있다. 해리 윈스턴은 1978년 심장마비로 사망했다.

◈ 호프 다이아몬드의 저주

호프 다이아몬드는 그 소유주나 착용한 사람에게 불행이 온다는 소문에 휩싸여왔다.

19세기 말에 호프 다이이몬드는 라마(Rama) 신의 아내인 여신 시타(Sita) 조상(彫像)의 눈에서 훔친 것이라는 이야기가 나왔다. 라마 신은 비슈누(Vishnu)의 7번째 아바타(avatar)이다. 그리고 20세기 초부터 호프 다이아몬드로 불행해졌다는 사례를 든 구체적인 이야기가 나오기 시작했다. 그러나 인도 여신 시타의 조상에서 훔쳤다는 전설은 '투탕카멘의 저주'와 매우 유사한 것으로 빅토리아 시대의 작가들이 지어냈을 가능성이 크다. 왕의 무덤이나 신을 모신 사원에서 귀금속을 훔친 도둑이 그로 인해 벌을 받는다는 이야기는 문학에서 자주 다뤄온 주제이다. 그리고 호프 다이아몬드의 저주 이야기는 이 다이아몬드의 가치를 높이고 구매욕을 높이는 역할을 했다. 이를 기사화한 신문이나 잡지는 판매고가 늘어나는 효과를 보았다.

1908년 《워싱턴 포스트》는 '호프 다이아몬드는 그것을 소유한 모든 사람에게 어려움을 가져다주었다'라는 제목의 기사를 실었다.

1911년 1월 《뉴욕 타임스》는 호프 다이아몬드로 불행을 입은 사람들의 명단을 실었다. 그 내용은 다음과 같다.

자크 콜로(Jacques Colot)는 사이먼 프랭클로부터 호프 다이아몬드를 샀는데 자살했다.

이반 카니톱스키 대공은 자크 콜로에게서 호프 다이아몬드를 구입했는데, 러시아 혁명으로 피살되었다.

이반 카니톱스키 대공은 프랑스 여배우 로랑 라뒤(Lorens Ladue)에게 빌려주었는데 그녀는 애인에게 살해되었다.

오스만 투르크 제국의 술탄 셀림 하미드 2세에게 호프 다이아몬드를 팔았던 시몽 몽타리드(Simon Montharides)는 처자와 함께 절벽에서 떠밀려 죽었다.

압둘 하미드 2세는 아부 사비르(Abu Sabir)에게 호프 다이아몬드를 세공하라고 했는데, 아부 사비르는 투옥되고 고문을 받았다.

호프 다이아몬드를 지키던 쿨룹 베이(Kulub Bey)는 폭도에게 교수되어 죽었다.

호프 다이아몬드를 인도에서 파리로 가져온 타베르니에는 콘스탄티노플에서 들개 떼에게 물려 갈기갈기 찢겨 죽었다.

루이 14세는 애인인 몽테스팡 부인에게 주었으나 그녀는 나중에 루이 14세에게 버림받았다.

프랑스의 재정을 담당했던 니콜라 푸케는 호프 다이아몬드를 잠시 빌려 착용했는데 망신을 당하고 감옥에서 죽었다.

랑발 대군 부인은 잠시 호프 다이아몬드를 착용했는데, 폭도에게 몸이 갈기갈기 찢겨죽었다.

다이아몬드 세공사 빌헬름 팔스(Wilhelm Fals)는 호프 다이아몬드를 다시 세공했는데, 파산해서 죽었다.

빌헬름 팔스의 아들 헨드릭(Hendrik)은 호프 다이아몬드를 아버지에게서 훔쳤는데 나중에 자살했다.

이러한 이야기들은 그럴 듯하지만 추리에 기초한 것이다. 역사적인 인물의 비극을 제외하고는 사실로 받아들일만한 근거도 없고 역사 연구의 성과도 이를 뒷받침하는 것이 없다.

1868년에 나온 윌키 콜린스(Wilkie Collins)의 소설 『월장석(The Moonstone)』이 호프 다이아몬드의 저주 전설을 지어내는 데 영감을 주었을 가능성이 있다. 이 소설은 코히 누르(Koh-i-Noor)나 오를로프 다이아몬드(Orloff Diamond) 등 유명한 다이아몬드에 붙은 전설을 다룬 소설이다.

타베르니에가 들개 떼에게 물어 뜯겨 죽었다는 전설은 사실이 아니다. 역사 기록으로 그가 84세까지 장수하다가 자연사했다는 것이 입증된다. 엘리어슨에게서 호프 다이아몬드를 구입한 자크 콜로는 미쳐서 자살했다고 한다. 그가 프랑스의 다이아몬드 상인이었던 것은 기록으로 확인된다. 그러나 호프 다이아몬드와 인연이 있었다는 기록은 찾을 수 없다. 사이먼 프랭클은 파산이라는 불행을 겪었는데, 이는 경제 공황인 상황에서 일어난 일로 동시대의 많은 사람이 파산했다.

《뉴욕 타임스》의 기사에는 전혀 알려지지 않았던 인물도 다수 등장한다. 다이아몬드 세공사 빌헬름 팔스, 그 아들 헨드릭, 러시아 대공 카니톱스키, 프랑스 여배우 로랑 라뒤, 시몽 몽타리드 등. 이들 가운데 실존이 확인된 인물은 몇 안 되고 나머지는 가공의 인물이다.

1909년 11월 17일자 《뉴욕 타임스》는 기선을 탄 셀림 하비브가 싱가포르 근처에서 배가 침몰하여 익사했다고 보도했다. 그러나 이 사람은 호프 다이아몬드를 구입한 셀림 하비브와 동명이인이었다.

이외에도 호프 다이아몬드는 이와 인연이 있는 역사적 인물들에게 불행을 가져왔다고 한다. 루이 14세 치세 때의 몽테스팡 부인과 니콜라 푸케, 루이 16세와 그 왕비 마리 앙투아네트, 랑발 대군 부인, 폐위당한 셀림 하미드 2세 등이다.

그러나 이들의 불행은 역사적 맥락에서 충분히 납득할 수 있는 것이지 다이아몬드의 저주 때문으로 결론 내릴 수 있는 것이 아니다.

몽테스팡 부인(Madame de Montespan, 1640~1707)은 본명이 프랑수아 아네타이 드 로슈쿠아르 드 모트마르(Françoise Athénaïs de Rochechouart de Mortemart)로 귀족 출신인데, 1663년 몽테스팡 후작(marquis de Montespan)인 루이 앙리

(Louis Henri de Pardaillan de Gondrin)와 결혼하여 몽테스팡 후작 부인이 되었다. 그녀는 1666년 루이 14세를 처음 궁전에서 만났다. 이때 루이 14세는 정부 루이즈 드 라 발리에르(Louise de La Vallière)가 있었으므로 몽테스팡 후작 부인에게 관심을 두지 않았다. 그러나 그녀는 뛰어난 미모와 지성, 위트로 곧 루이 14세를 사로잡았다. 그녀는 루이 14세와의 사이에 일곱 자녀를 낳았다(남자 아이들도 서자이므로 왕위계승권이 없었다). 그러나 세월이 흐름에 따라 왕의 총애도 줄어들어 1691년 베르사유를 떠나 파리의 한 수녀원으로 가서 은둔 생활을 했다. 매년 50만 리브르의 연금을 받은 그녀는 많은 병원과 자선단체에 기부했으며 문인과 예술가들을 후원했다. 이 가운데는 코르네유, 라신(Racine), 라 퐁텐(La Fontaine)도 있었다.

니콜라 푸케(Nicolas Fouquet, 1615~1680)는 고위 귀족 출신으로 루이 14세 치세 때인 1653년 재무 감독관(surintendant des finances)이 되어 프랑스의 나라 살림을 책임졌다. 그러나 루이 14세의 미움을 받아 마자랭 추기경이 사망하여 그가 친정(親政)에 나선 1661년 체포되어 재판을 받았다. 푸케의 권세가 왕권을 위협할 지경이었기 때문이었다. 3년을 끈 재판에서 추방령이 선고되었으나 루이 14세는 종신 금고형으로 '감형'을 했다. 푸케는 1680년 옥사했다.

압둘 하미드 2세는 1876년 8월 31일 34대 술탄으로 즉위했다. 이때 오스만투르크 제국의 정세는 혼란스럽기 그지없었다.

오스만투르크 제국은 1839년 6월 네지브(Nezib) 전투에서 이집트 총독 무하마드 알리에게 대패하고 충격을 받아 11월 탄지마트(Tanzimat : 재조직)라 불리는 근대화 개혁을 시작했다(이후 이집트는 명목상으로는 오스만투르크의 한 지방이었지만 실질적인 독립국이 되었다).

1861년 즉위한 32대 술탄 압둘 아지즈(Abdü'l-Azīz)도 탄지마트를 계속했다. 탄지마트에는 엄청난 비용이 필요했으므로 오스만투르크는 1854년부터 영국, 프랑스 등 서유럽 국가로부터 차관을 얻었다. 차관을 가장 많이 투여한 분야는 해군 건설이었다. 1875년 외채 총액은 2억 파운드에 달했는데, 오스만투르크 1년 예산이 2400만 파운드였으니 얼마나 거액이었는지 알 수 있다. 겨우 이자의 절반 정도만 상환할 수 있었던 오스만투르크는 1875년 10월 지급불능을 선언했다.

오스만투르크 당국은 채무를 갚으려 증세를 했는데 이는 발칸 반도에서 슬라브 족의 독립 움직임을 더욱 자극했다. 이미 1875년 7월에 헤르체고비나에서 세르비아인의 봉기가 일어나 8월에는 헤르체고비나 전체가 반란군에 장악되었고 보스니아에서도 봉기가 일어났다. 명목상으로는 오스만투르크의 한 지방이지만 실질적으로는 독립국이었던 세르비아와 몬테네그로에서는 지원병이 모집되어 보스니아와 헤르체고비나로 들어갔다. 1876년 4월에는 불가리아에서 무슬림 영주에 대항한 기독교 농민들의 봉기가 발생했다. 오스만투르크의 정규군의 잔학한 진압으로 유럽과 미국에서는 불가리아를 동정하고 오스만투르크를 비난하는 여론이 크게 일어났다.

이에 따라 책임을 압둘 아지즈에게 묻는 분위기가 형성되어 그는 1876년 5월 30일 신하들에 의해 폐위되었다. 다음 술탄으로는 압둘 아지즈의 조카 무라트가 무라트 5세(Murad V)로 추대되었다. 6월 30일 오스만투르크에 대한 슬라브 족의 반란을 지원하던 세르비아와 몬테네그로는 오스만투르크에 선전포고하였다. 세르비아와 몬테네그로의 배후에는 크림 전쟁에서의 패배를 설욕하고자 하는 제정 러시아가 있었다.

한편 무라트 5세는 편집증, 광증, 졸도 등 여러 가지 이상 증세를 보여 석달 만에 폐위되고 그의 아우가 즉위하니 그가 압둘 하미드 2세이다.

압둘 하미드 2세는 오스만투르크 제국의 헌법 제정을 약속하고 즉위했다. 1876년 12월 23일 그는 오스만투르크 제국 역사상 처음으로 헌법을 공포하였다.

오스만투르크와의 협상이 교착 상태에 빠지자 러시아의 알렉산드르 2세는 전쟁을 하기로 결심했다. 1877년 4월 러시아가 오스만투르크에 선전포고하여 러시아-투르크 전쟁이 일어났다.

【제정 러시아와 오스만투르크 제국은 1672~1918년 사이 12번 전쟁을 치렀는데, 대부분 러시아가 승리했다.】

유럽 전선과 동부 아나톨리아 전선에서 오스만투르크 군은 러시아에 참패하였다. 압둘 하미드 2세는 위태로운 전황을 구실로 1878년 2월 헌법을 정지시키고 3월에는 의회도 해산시켰다. 이로서 오스만투르크의 짧았던 헌정(憲政)은 끝이 나고 전제정치가 재개되었다.

이스탄불의 함락을 눈앞에 둔 가운데 러시아는 1878년 3월 오스만투르크와 산 스테파노 조약(San Stefano Treaty)을 체결하여 크게 이득을 보았다.

이 조약에서 오스만투르크는 루마니아, 세르비아, 몬테네그로의 독립을 승인했다. 그리고 불가리아의 자치 확대에 동의하고, 흑해 서부의 도브루자(Dobruja) 지역과 동부 아나톨리아 일부를 러시아에 할양하였다. 이외에 막대한 전쟁 배상금도 지불하기로 했다.

이 조약에서 가장 문제가 되었던 것이 이른바 '大 불가리아' 성립이었다. 조약에 따르면 독립 불가리아의 영토는 흑해로부터 마케도니아를 거쳐 에게 해의 살로니카(Salonica)에 이르렀다. 불가리아는 러시아의 강력한 영향권에 들어갈 것이므로 이는 러시아가 발칸 반도를 지배하는 것을 의미했다. 영국과 독일을 비롯한 유럽 열강이 이를 좌시하지 않고 개입하여 6월에 열린 베를린 회의에서 러시아는 상당부분 양보해야 했다. 베를린 회의에서 오스만투르크는 루마니아, 세르비아, 몬테네그로의 독립과 불가리아의 자치를 인정했다. 단일 자치가 허용되었던 불가리아는 삼분된 분할 형태로 자치가 허용되었다. 오스트리아는 보스니아-헤르체고비나의 관리권을 획득했다. 영국은 오스만투르크로부터 지중해의 키프러스(Cyprus) 섬을 임대받아 행정권을 행사하게 되었다.(영국은 키프러스 섬에 해군기지를 설치해 오스만투르크를 제정 러시아의 침공으로부터 보호하겠다고 약속했다.) 이 결과 유럽에서의 오스만투르크의 영토는 마케도니아, 알바니아, 트라키아 지역에 국한되었다.

이후 유럽 열강은 오스만투르크에 내정간섭을 하였고 외채 상환 압력을 가했다. 1881년 12월 유럽 채권국이 직접 재정 정책을 감독하고, 필요한 재원을 확보하는 '오스만 외채 관리 기구'가 설립되었다.

1881년 프랑스가 오스만투르크 령인 튀니지를 점령하고,

1882년 영국이 이집트를 속국화하자 압둘 하미드 2세는 독일에 지원을 얻으려 했다. 독일은 그 대가로 바그다드 철도 부설권을 비롯한 각종 이권을 얻었다. 이에 더해 1894년에는 아르메니아, 크레타 등지에서 오스만투르크 제국의 통치에 반발하는 반란이 일어났으며, 이를 진압하던 중 1897년 그리스-투르크 전쟁(Greco-Turkish War)이 일어나 승리했다. 그러나 서구 열강의 개입으로 승전의 이득이 없었다.

압둘 하미드 2세는 제국의 분열을 막고, 서구의 제국주의에 대응하고자 범이슬람주의를 주창했다. 전 세계 무슬림에 의해 조성된 기금을 통한 헤자즈 철도(Hejaz Railway) 건설은 그의 정책과 의지가 잘 드러난 것이다. 국내 정책에서 압둘 하미드 2세는 다양한 개혁을 시도했으며, 특히 교육 부문에 관심을 기울였다. 18개의 전문학교와 이스탄불 대학을 설립했으며, 사관학교도 증설했다. 또한 사법부의 개혁을 단행했으며, 철도와 전신 체계를 확대, 발전시켰다.

그러나 발칸 반도를 비롯한 영토 각지에서 전제정치에 대한 불만이 고조되었으며, 이를 이용한 서구의 개입도 계속 증가했다.

1908년 7월 젊은 장교들이 주축인 청년 투르크 당은 헌법 부활을 요구하며 정변을 일으켜 제국의 실권을 장악했다. 7월 26일 압둘 하미드 2세는 궁전 뜰에 모인 군중에게 개혁을 이행할 것을 약속하여 폐위를 면했다. 총선거가 실시되어 12월 의회가 개설되었다.

1909년 4월 13일 반서구적 성향의 병사들이 이스탄불에서 반란을 일으키자 압둘 하미드 2세는 이를 지지했다. 청년 투르크 당이 장악한 살로니카의 군부대가 이스탄불로 진입하여 반란을 진압하고 4월 27일 압둘 하미드 2세를 폐위시켰다. 압둘 하미드 2세의 아우 레샤트 메흐메트가 술탄으로 추대되니 그가 메흐메트 5세(Mehmed V, 재위 1909~1918)이다.

폐위된 압둘 하미드 2세는 베일러베이 궁전(Beylerbeyi Palace)에서 유폐되어 살다가 1918년 2월 10일 사망했다.

뮤지컬 배우 메이 요헤는 자신의 불행을 호프 다이아몬드 탓이라고 여러 차례 주장했다. 프란시스 호프 경과 이혼한지 몇 개월 지나지 않은 1902년 7월, 메이 요헤는 호주 경찰에게 그녀의 연인 풋넘 스트롱이 그녀를 버리고 보석을 가져갔다고 진술했다. 그러나 두 사람은 화해하여 이 해 결혼했다. 1910년 메이 요헤는 이혼하고 1920년 세 번째 결혼을 했다. 1921년 메이 요헤는 자신이 시나리오를 쓴 영화 《호프 다이아몬드의 미스터리》에 프란시스 호프 경의 아내로 출연했다. 이 영화에는 타베르니에도 나오고 프랑스 혁명의 자코뱅 지도자 마라가 다이아몬드의 저주로 암살된 것으로 묘사된다.

스미소니안 박물관이 호프 다이아몬드를 획득한 이후 저주는 잠자고 있는 것 같다. 비영리 박물관에 소장된 이후 이 다이아몬드는 오로지 행운만 가져다주었다. 호프 다이아몬드를 보려는 관람객이 늘어나자 스미소니안 박물관은 세계적 수준의 보석 컬렉션을 만들 수 있었다.

💎 상시 다이아몬드

 복숭아 씨앗 모양의 이 다이아몬드는 흔히 상시(Le Sancy) 또는 그랑 상시(Grand Sancy)로 불리는데 55.23캐럿의 담황색 다이아몬드이다. 15세기에 인도에서 산출된 것으로 알려져 있는데, 저명인사로서 최초의 소유자는 부르고뉴 공작(Duc de Bourgogne)인 용사(勇士) 샤를(Charles le Téméraire, 1433~1477)이었다. 부르고뉴 공국(Duché de Bourgogne)은 중세 프랑스 동부에 있던 공국으로 그 이름이 게르만족의 일파인 부르군트 족이 세운 부르군트 왕국에서 비롯되었다. 발르와 왕조의 프랑스 국왕 장 2세(Jean II, 재위 1350~1364)의 넷째 아들 필립 2세(Philippe II de Bourgogne, 공위 1363~1404)가 첫 번째 발르와 왕조 계통의 부르고뉴 공작이었다. 이후 역대 부르고뉴 공은 프랑스 발르와 왕가의 가까운 친척으로 법률적으로는 프랑스 왕의 신하이면서 독자성을 유지했다.

 마지막 부르고뉴 공작 샤를은 기질이 좋게 보아 용맹하고 나쁘게 보아 무모했으므로 별명이 용사 샤를(Charles le Téméraire)이었다. 용사 샤를은 1467년 부르고뉴 공작이 되자 어린 시절 친했던 프랑스 국왕 루이 11세(Louis XI, 재위 1461~1483)에 맞서 영토를 확장하고 부르고뉴 공국을 왕국으로 만들려 했다. 결국 1474년 부르고뉴 전쟁이 일어났는데, 1476년 6월 용사 샤를은 모라 전투(Battle of Morat)에서 스위스 연방군에 패하여 도주했다. 이 와중에 부적으로 착용하고 있던 상시 다이아몬드를 잃었다. 1477년 용사 샤를은 낭시 전투(Bataille de Nancy)에서 전사했다(그의 사후 부르고뉴 영토는 프랑스 발르와 왕가와 합스부르크 가문이 분할했다).

모라 전투에 참가한 스위스 병사가 상시 다이아몬드를 주웠는데, 여러 차례 팔린 뒤 1495년 포르투갈 왕 마누엘 1세(Manuel I, 재위 1495~1521)에게 넘어갔다.

1580년 스페인의 펠리페 2세가 포르투갈을 통치하게 되자, 마누엘 1세의 손자로 포르투갈 왕위 계승권을 주장하던 안토니오(António de Portugal, 1531~1595)는 1581년 포르투갈 왕실의 보석을 가지고 프랑스로 망명했다. 당시 프랑스 국왕은 발르와 왕조의 마지막 왕인 앙리 3세(Henri III, 재위 1574~1589)였지만, 실질적 지배자는 대비(大妃)인 카트린 드 메디치였다. 카트린 드 메디치는 나름대로의 계산으로 안토니오를 후원했다. 포르투갈 식민지 브라질을 할양하겠다고 약속하고 안토니오는 프랑스의 함대를 얻었으나 1582년 폰타 델가다(Ponta Delgada) 해전에서 스페인 무적함대에 패했다. 프랑스로 돌아온 안토니오는 상시 다이아몬드를 프랑스의 귀족 니콜라 드 아를레 드 상시(Nicolas de Harlay de Sancy, 1546~1629)에게 팔았다. 드 상시는 프랑스 궁정에서 인기가 있었는데, 보석을 볼 줄 아는 안목이 있었던 것도 그 이유였다.

안토니오는 펠리페 2세의 자객을 두려워하여 은신처를 여러 차례 바꾸었는데 끝내는 영국으로 망명했다. 당시 영국 여왕 엘리자베스 1세(Elizabeth I, 재위 1558~1603)도 이용가치가 있는 안토니오를 환대했다. 1588년 영국은 스페인 무적함대에 대승을 거두었다. 이듬해인 1589년 4월 영국은 포르투갈 해안으로 원정 함대를 보냈는데 안토니오도 탑승했다. 이 원정은 실패로 끝나고 안토니오는 왕좌 복귀를 단념했다.

 프랑스의 앙리 3세는 젊은 나이에 머리가 벗겨져서 고민이 많았는데, 모자를 써서 이를 감추려 했다. 다이아몬드가 상류층 사이에서 점점 유행하였으므로 앙리 3세는 드 상시의 다이아몬드를 빌려서 모자를 장식했다.
 자식이 없는 앙리 3세가 1589년 8월에 암살되어 발르와 왕조는 대가 끊어졌다. 카트린 드 메디치의 사위로 루이 9세의 자손인 앙리 드 나바르(Henri de Navarre)가 앙리 4세로 프랑스 국왕이 되었다. 앙리 4세도 드 상시에게 다이아몬드를 빌렸는데, 은행가에게 군자금을 빌리는데 담보로 쓰기 위해서였다. 이 다이아몬드를 가지고 가던 한 사자(使者)가 영 오지를 않아 의심을 받은 일이 있었다. 이때 재무장관이었던 드 상시는 그가 충성스러운 사람이라고 확신했으므로 노상강도를 당했다고 추리하고 시체를 수색하도록 했다. 땅 속에 묻힌 시체를 발굴했는데, 그의 뱃속에서 다이아몬드가 발견되었다. 강도에게 빼앗기지 않기 위해 삼켰던 것이다.
 1596년 돈이 필요했던 드 상시는 영국의 엘리자베스 1세에게 이 다이아몬드를 팔았는데, 이때부터 이 다이아몬드가 상시 다이아몬드로 불린 것 같다. 1603년 평생 결혼하지 않았던 엘리자베스 1세는 세상을 떠나면서 스코틀랜드 왕 제임스 6세를 후계자로 지명했다. 제임스 6세는 성명이 제임스 스튜어트(James Stuart)인데, 모계로 따져 튜더 왕조의 시조 헨리 7세(Henry VII, 재위 1485~1509)의 현손이 된다(엘리자베스 1세는 헨리 7세의 손녀이다).

제임스 6세 이전에 제임스란 이름을 가진 스코틀랜드 왕이 5명 있었다. 그러므로 제임스 스튜어트는 스코틀랜드 왕으로 즉위하면서 제임스 6세가 된 것이다. 영국왕 가운데는 이때까지 제임스란 이름의 왕이 없었으므로 스코틀랜드의 제임스 6세는 영국왕으로서는 제임스 1세(James I, 재위 1603~1625)가 되었다.

영국 스튜어트 왕조의 첫 번째 왕인 제임스 1세로부터 상시 다이아몬드를 물려받은 그의 아들 찰스 1세는 보석 수집이 주요 취미였다. 왕권신수설의 신봉자인 찰스 1세는 왕권을 제한하려는 의회와 대립하였는데, 결국 1642년부터 국왕과 의회를 장악한 귀족 사이에 내전이 벌어졌다. 왕비 앙리에타 마리아 드 부르봉(Henrietta Maria de Bourbon)은 - 앙리 4세의 막내딸이고 루이 13세의 여동생이다. - 내전 중 남편을 위해 보체스터 후작(Marquess of Worcester) 에드워드 서머셋(Edward Somerset)에게 상시 다이아몬드를 담보로 맡기고 군자금을 마련하기도 했다. 1644년 앙리에타 마리아는 두 아들 찰스와 제임스 등 자녀를 데리고 친정인 프랑스로 망명했다. 내전에서 패해 의회의 포로가 된 찰스 1세는 1649년 처형되었다(청교도 혁명). 영국은 올리버 크롬웰이 통치하는 공화국이 되었다.

1660년 왕정복고로 찰스 1세의 장남 찰스가 영국 국왕이 되니 그가 찰스 2세(Charles II, 재위 1660~1685)이다. 상시 다이아몬드는 다시 영국 왕실로 돌아왔다.

젊어서 고생을 많이 한 찰스 2세는 의회와의 대립을 피하고 '놀고 먹자판 인생'을 살았다. 인생을 즐기는 찰스 2세의 별명은 '즐거운 왕 the Merry Monarch'이었다. 찰스 2세는 왕비로부터 얻은 자식은 없었으나 7명의 정부 사이에 12명의 자식을 두었다. 이들 가운데 다수가 공작 또는 백작 작위를 받았다. 오랜 세월 화제의 주인공이던 다이애나 태자비의 조상은 바로 찰스 2세의 서자 가운데 한 사람인 그래프턴 공작(Duke of Grafton)이다.

1685년 찰스 2세가 적자(嫡子) 없이 사망하여 그의 아우 제임스가 뒤를 이으니 그가 바로 제임스 2세(James II, 재위 1685~1688)이다.

제임스 2세는 카톨릭교도였으며 왕권신수설을 신봉했다. 제임스 2세가 노골적으로 카톨릭 부활을 추진한데다 의회를 무시하자 휘그당뿐만 아니라 토리당, 영국 국교회 성직자도 이반(離反)했다. 영국 의회는 신교도로 왕위 계승 서열 1위인 제임스 2세의 장녀 메리(Mary Stuart)가 왕위를 계승하기를 기대하며 참았다. 메리는 1677년 네덜란드 총독 오란녀 공작 윌리엄(William, Wilem)과 결혼했다. 찰스 1세의 외손자인 윌리엄도 영국 왕위 계승 서열 3위였다.

1688년 6월 제임스 2세는 아들을 보았다. 이에 의회 지도자들은 왕을 폐위하기로 모의하고 메리와 그 남편 윌리엄에게 영국의 자유와 권리를 수호하기 위하여 군대를 이끌고 귀환하도록 초청장을 보냈다. 11월 윌리엄은 프로테스탄트의 옹호자로서 영국에 상륙하였는데, 제임스 2세는 싸우지 않고 프랑스로 망명했다. 이 사건을 명예혁명(Glorious Revolution)이라 한다. 제임스 2세는 외사촌이 되는 루이 14세의 환대를 받았다. 루이 14세는 파리 교외에 있는 왕궁 생 제르망 앙 라에(Saint-Germain-en-Laye)를 주택으로 제공했다.

제임스 2세는 루이 14세의 지원으로 1689년 3월 프랑스 군을 이끌고 아일랜드에 상륙했다. 1689년 4월 21일 윌리엄 과 메리 부부는 윌리엄 3세(William Ⅲ)와 메리 2세(Mary Ⅱ)로 공동으로 즉위했다. 이 해 12월 영국 의회가 권리장전(Bill of Rights)을 제정하여 영국은 전제군주제와 결별하고 입헌군주제로 나아갔다.

1690년 6월 윌리엄 3세는 친히 3만 6천 병력의 군을 지휘하여 아일랜드에 상륙했다. 7월 벌어진 보인 전투(Battle of the Boyne)에서 제임스 2세는 패하여 프랑스로 돌아갔다. 제임스 2세는 다이아몬드 수집이 취미인 루이 14세에게 상시 다이아몬드를 팔았다. 이리하여 상시 다이아몬드는 프랑스 왕실이 소유하게 되었다. 1701년 제임스 2세는 세상을 떠나 프랑스에 묻혔는데, 그의 무덤은 프랑스 혁명 때 약탈되었다.

프랑스 왕실의 루이 16세 부부는 프랑스 대혁명기간 중 단두대의 이슬로 사라진 비극의 주인공이 되었다.

1792년 9월 11일 카데 기요 등 일단의 도둑들이 왕실의 보물 창고로 혁명 광장에 있는 가드 뫼블에 침입했는데, 상시 다이아몬드도 훔쳐갔다.

1828년 파리의 한 보석상이 상시 다이아몬드를 러시아의 파벨 니콜라이비치 데미도프(Павел Николаевич Демидов, 1798~1840) 백작에게 8만 파운드에 매각하여 다시 세상에 모습을 드러냈다. 파벨 데미도프 백작의 아우 아나톨리 니콜라이비치 데미도프(Анатолий Николаевич Демидов, 1812~1870)는 나폴레옹 숭배자였다. 1839년 아나톨리 데미도프는 나폴레옹의 막내 동생으로 한때 베스트팔렌 국왕이었던 제롬 보나파르트를 소개받았다. 그는 1840년 제롬 보나파르트의 딸 마틸드 보나파르트(Mathilde Laetitia Wilhelmine Bonaparte, 1820~1904)와 결혼했는데, 선물로 상시 다이아몬드를 주었다. - 마틸드는 처음에는 훗날 나폴레옹 3세가 되는 사촌 오빠 루이 나폴레옹 보나파르트(Louis-Napoléon Bonaparte, 1808~1873)와 약혼했었다.

이 부부의 애정은 곧 시들었는데 아나톨리 데미도프는 디노 공작부인(duchesse de Dino) 발랑틴 드 생트 알드공드(Valentine de Sainte-Aldegonde)와, 마틸드 보나파르트는 에밀리앙(Alfred Émilien O'Hara van Nieuwerkerke)과 연인이 되었다. 한 무도회에서 마틸드가 발랑틴에게 모욕을 주자 아나톨리 데미도프가 마틸드의 뺨을 두 차례 때렸다. 이후 두 사람은 별거했다.

1846년 마틸드는 상시 다이아몬드를 가지고 파리로 도피했다. 1904년 그녀가 세상을 떠나자 파리의 보석상 게라르 밥스트(Gérard Bapst)가 상시 다이아몬드를 1백만 프랑에 내놓았다. 1906년 1대 아스토르 자작인 윌리엄 월도프 아스토르(William Waldorf Astor, 1848~1919)가 아들 월도프 아스토르(Waldorf Astor, 1879~1952)의 결혼선물로 주려고 구매했다.

역사적으로 유명한 다이아몬드는 그 어떤 명품보다 위신재(prestige goods)로서 가치가 있는데, 빈민에서 최고 상류층으로 성장한 아스토르 가문에게는 엄청난 고액이지만 아깝지 않은 것이었다.

아스토르 가문의 기원은 독일 남서부에 있는 월도프

(Waldorf) 시의 가난한 푸줏간 주인 요한 야콥 아스토르 (Johann Jakob Astor, 1724~1816)로 올라간다. 그는 장남 게오르그(Georg Astor, 1752~1813), 2남 하인리히(Heinrich Peter Astor, 1754~1833), 3남 멜콰이어(Melchior Astor, 1759~1829), 4남 요한(Johann Jacob Astor, 1763~1848) 등 네 아들을 두었다.

집이 먹고 살기 어려워 요한은 어린 시절부터 아버지의 일을 돕기도 하고 우유 판매를 하기도 했다. 16세 때인 1779년 영국 런던으로 가서 이름을 영국식인 존 제이콥 아스토르(John Jacob Astor)로 고쳤는데, 전년에 런던으로 와서 악기 제조공으로 일하고 있던 큰 형 게오르그를 도우면서 영어를 배웠다. 미국독립전쟁이 미국의 승리로 끝난 다음 해인 1784년 존 아스토르는 미국 뉴욕으로 갔다. 둘째 형인 헨리(하인리히)는 뉴욕에 먼저 와서 정육점을 차렸으므로 처음에는 그곳에서 일했다. 곧 존 아스토르는 미국 인디언과 모피 교역을 시작해 1780년대 후반 뉴욕에 모피 상점을 열었다.

1785년 9월 존 아스토르는 스코틀랜드 이민자의 딸인 사라 콕스 토드(Sarah Cox Todd, 1762~1834)와 결혼했다. 그녀는 결혼 지참금으로 300달러를 가져왔는데, 몹시 검소한 성품에 사업에 뛰어난 판단력이 있었다. 사라는 남편 사업의 세심한 부분까지 도왔다.

1794년 미국과 영국은 제이 조약(Jay Treaty)이라 불리는 우호통상조약을 체결했는데, 존 아스토르에게는 엄청난 기회가 되었다. 아스토르는 영국 식민지인 캐나다의 몬트리올(Montreal)에서 모피를 수입해서 유럽에 수출했다. 1800년이 되자 존 아스토르의 재산은 25만 달러에 가까웠다. 그리고 이 때부터 청나라에 모피, 차, 단향목(檀香木)을 수출해서 큰 이익을 보았다.

1808년 존 아스토르는 아메리카 모피 회사(American Fur Company)를 설립했다. 1816년에는 오스만투르크에서 아편 10톤을 구입해 청을 상대로 한 아편 밀무역에도 뛰어 들었다. 그러나 곧 그만두었다. 1812~1814년의 미영 전쟁으로 침체했던 모피 사업은 1817년 이후 크게 번창하였고, 존 아스토르의 상선은 전 세계를 누볐다.

존 아스토르는 일찍이 부동산에도 관심을 가져 여기서도 큰 이익을 보았는데, 1830년대에는 뉴욕이 세계적인 대도시로 성장할 것으로 예상하고 모피 등의 사업에서 손을 떼고 맨해튼 지역 개발에 투자했다. 은퇴한 뒤에는 학자와 예술가의 후견인 활동을 했다. 1848년 존 아스토르가 사망했을 때, 그의 재산은 2천만 달러 이상이었는데, 2006년 가치로 1,100억 달러 정도 된다.

유언장에서 존 아스토르는 40만 달러를 뉴욕 시민을 위한 아스토르 도서관(Astor Library) 건립을 위해 쓰라고 했다(아스토르 도서관은 다른 도서관과 합쳐져 지금은 뉴욕 공공도서관이 되었다). 그의 고향 월도프의 구빈원과 고아원에 5만 달러를, 뉴욕시 독일협회에는 2만 5천 달러를 기부하도록 했다.

존 아스토르는 여덟 자녀를 두었는데 이 가운데 셋은 어릴 때 죽었다. 그의 자녀 중 2남인 윌리엄 백하우스 아스토르 시니어(William Backhouse Astor Sr., 1792~1875)가 아버지의 사업을 이어 받았다. 윌리엄 아스토르는 독일의 괴팅겐 대학과 하이델베르크 대학에서 수학하고 1815년 미국으로 돌아와 아버지의 사업을 도왔다. 뉴욕의 부동산 개발에 주력했으며 철도, 탄광업, 보험업에도 투자했다. 그가 세상을 떠날 무렵 재산은 5천만 달러에 이르렀다.

윌리엄 백하우스 아스토르는 상원의원인 존 암스트롱(John Armstrong, Jr)의 딸인 마가렛 레베카 암스트롱(Margaret Rebecca Armstrong)과 결혼하여 3남 4녀를 두었는데, 장남인 존 제이콥 아스토르 3세(John Jacob Astor III, 1822~1890)와 차남인 윌리엄 백하우스 아스토르 2세(William Backhouse Astor Jr., 1829~1892)가 사업을 했다.

존 제이콥 아스토르 3세는 컬럼비아 대학과 괴팅겐 대학에서 수학하고, 집안의 광대한 부동산 관리를 위해 하버드 로스쿨을 1년 간 다녔다. 1861년 남북전쟁이 나자 자원하여 조지 매클렌(George B. McClellan) 장군의 참모로 종군했다. 아스토르 3세는 가문의 부동산을 관리하면서 큰 수익을 냈다. 철도에도 투자했으나 철도왕 밴더빌트(Commodore Cornelius Vanderbilt, 1794~1877)에게 밀려 뉴욕 센트럴 철도의 경영권을 포기했다.

존 제이콥 아스토르 3세의 유일한 아들이 1대 아스토르 자작인 윌리엄 월도프 아스토르이다. 독일과 이탈리아에서 어린 시절을 보낸 그는 컬럼비아 로스쿨을 나와 한동안 변호사로 일하면서 부친의 부동산과 금융자산을 관리했다. 정치가 자신의 소명이라고 생각한 윌리엄 아스토르는 1877년 29세의 나이로 공화당에 입당, 정계에 뛰어들었다. 뉴욕 주 하원의원과 상원의원으로 당선되었으나 1881년 연방 하원의원 선거에서 민주당 후

보 로스웰 플라워(Roswell P. Flower)에게 패했다. 두 번째 도전에서도 낙선하고는 언론의 맹비난을 받아 미국에 머물기가 싫어졌다. 1882년 이탈리아 주재 미국 공사로 임명되어 로마로 갔다. 1885년까지 미국 공사로 로마에 살면서 미술과 조각에 큰 관심을 가지게 되었다.

1890년 2월 부친이 세상을 떠나 엄청난 유산을 물려받은 윌리엄 월도프 아스토르는 뉴욕 맨해튼에 13층에 450개 룸이 있는 월도프 호텔을 지어 1893년 3월에 개장했다. 모두가 이 초호화 호텔이 상업적으로 실패할 것으로 예상했지만 대성공이었다. 이에 윌리엄 백하우스 아스토르 2세의 아들로 사촌이 되는 존 제이콥 아스토르 4세(John Jacob "Jack" Astor IV, 1864~1912)가 1897년 바로 옆에다가 아스토리아 호텔을 지었다.[존 제이콥 아스토르는 1912년 4월 타이타닉 호에 승선했다가 타이타닉 호가 침몰하여 사망.]

윌리엄 월도프 아스토르는 아스토르 가문의 종가(宗家)라고 주장하는 숙모, 사촌과의 분쟁에 염증이 나 가족을 데리고 영국으로 이주했는데, 1899년 영국 시민권을 얻었다. 그는 영국에서 대규모로 자선 사업을 하여 명성을 얻었다.

상시 다이아몬드는 1906년 윌리엄 월도프 아스토르가 구입한 이후 72년 동안 아스토르 가문의 소유로 있었다. 1978년 프랑스 루브르 박물관은 4대 아스토르 자작 윌리엄 월도프 아스토르 3세(William Waldorf Astor III, 1951~)로부터 상시 다이아몬드를 1백만 달러에 매입하였다. 이후 상시 다이아몬드는 루브르 박물관의 아폴로 갤러리(Galerie d'Apollon)에서 전시되고 있다.

💎 리전트 다이아몬드

    140.64캐럿의 리전트 다이아몬드(Regent Diamond)는 1698년 인도의 콜루르 광산(Kollur Mine)에서 발견됐다. 원석은 410캐럿이었다. 채굴하다가 이를 발견한 어느 노예가 다리에 상처를 내어 그 속에 넣고는 붕대로 감아 빼돌렸다. 탈출한 노예는 어느 영국 선장에게 자신을 해외로 데려다주면 반값에 팔겠다고 했으나 살해되어 바다에 던져지고 원석을 빼앗겼다.

    1701년 마드라스의 총독인 토마스 피트(Thomas Pitt)가 상인으로부터 이 다이아몬드를 2만 4백 파운드(2016년 가치로는 약 295만 파운드)를 주고 구입했다. 1704년부터 런던의 보석상 해리스가 2년간 세공해서 현재의 크기가 되었다. 1717년 토머스 피트는 이 다이아몬드를 루이 15세의 섭정(regent)이던 오를레앙 공에게 65만 리브르를 받고 팔았다. 이후 이 다이아몬드는 리전트 다이아몬드라 불리게 된다. 루이 15세는 성년이 된 1722년 대관식을 거행했는데 리전트 다이아몬드는 그의 왕관에 세팅되었다. 루이 16세도 1775년 대관식을 거행할 때 왕관을 이 다이아몬드로 장식했다. 마리 앙투아네트도 자신의 모자에 리전트 다이아몬드를 장식으로 썼다. 1791년 이 다이아몬드의 가치는 48만 파운드(2016년 가격으로 5,156만 파운드)로 평가받았다.

    1792년 가드 뫼블의 왕실 보석이 도난당했을 때 리전트 다이아몬드도 사라졌다. 그러나 이듬해 어느 다락방의 지붕에서 발견되었다.

1795년 11월 성립된 프랑스의 총재정부는 1797년 이탈리아 원정군(나폴레옹이 지휘)에 필요한 군자금 마련을 위해 베를린의 은행가 트레스코프(Treskow)에게 리전트 다이아몬드를 담보물로 내놓고 400만 프랑을 빌렸다. 나폴레옹의 이탈리아 원정은 대성공을 거두어 1797년 10월 오스트리아와 캄포 포르미오 조약(Treaty of Campo Formio)을 체결했다. 이 조약으로 프랑스는 이탈리아 북부와 오스트리아령 네덜란드를 얻었고 1100년이나 독립을 유지한 베네치아 공화국을 오스트리아와 분할했다. 12월 나폴레옹은 영웅이 되어 파리로 돌아왔다.

　2개월 간 구상한 끝에 나폴레옹은 총재정부에 이집트 원정을 제안했다. 총재정부가 동의하여 나폴레옹은 1798년 5월 프랑스 지중해 함대에 병력을 실어 이집트 원정에 나서 7월 1일 이집트의 알렉산드리아에 상륙했다. 이에 영국은 제2차 대 프랑스 동맹을 구상해 12월 영국, 오스트리아, 러시아가 가담한 제2차 대 프랑스 동맹이 형성되었다.

　1799년 9월 이집트 원정에서 홀로 귀국한 나폴레옹은 11월 이른바 '브뤼메르 18일의 쿠데타'로 총재 정부를 무너뜨리고 개헌하여 통령 정부를 세웠다. 나폴레옹은 제1 통령이 되었다. 1800년 나폴레옹은 프랑스 군을 이끌고 알프스를 넘었다. 6월 마렝고 전투(Battle of Marengo)에서 오스트리아군에 대승을 거두었고 12월에는 모로(Moreau) 장군이 지휘하는 프랑스군이 호엔린덴 전투(Battle of Hohenlinden)에서 오스트리아 바이에른 연합군에 결정적인 승리를 거두었다.

　이에 오스트리아는 강화협상에 응했다. 1801년 2월 나폴레옹은 오스트리아와 뤼네빌 조약(Treaty of Lunéville)을 체결했다. 내용은 캄포 포르미오 조약을 재확인하는 것 이외에 프랑스가 이탈리아의 토스카나 대공국을 얻고 오스트리아는 베네치아 공화국 영토를 모두 차지하는 것이었다. 루네빌 조약 체결로 한동안 평화를 얻은 나폴레옹은 담보로 잡힌 리전트 다이아몬드를 찾을 수 있었다.

1802년 3월 나폴레옹은 영국과 아미엥 조약(Treaty of Amiens)을 체결하여 제2차 대 프랑스 동맹은 와해되었다. 이 강화조약 체결에 힘입어 나폴레옹은 5월 국민투표를 통해 종신 제1 통령이 되었다.

1804년 나폴레옹은 황제 대관식에 쓸 검의 디자인을 당대의 저명한 금세공인 오디오(Odiot), 부테(Boutet), 마리 에티엔 니토(Marie-Etienne Nitot)에게 맡겼는데, 이 칼의 칼자루를 리전트 다이아몬드로 장식하게 했다. 프랑스 부르봉 왕실의 여러 다이아몬드는 황제 나폴레옹의 소유가 되었다.

1807년 7월 틸지트 조약을 체결한 다음 나폴레옹은 대륙봉쇄령을 어기고 영국과 무역을 계속하던 포르투갈에 원정군을 보내기로 결정했다. 1807년 10월 17일 쥐노(Jean-Andoche Junot) 장군이 지휘하는 2만 4천의 프랑스 원정군이 스페인의 지원을 받아 피레네 산맥을 넘어 포르투갈로 향했다. 이때 스페인은 내부 정쟁이 심했다. 1808년 2월 나폴레옹은 스페인 내정을 중재하겠다고 선언하고 뮈라 원수가 지휘하는 12만 대군을 파병했다. 프랑스군은 3월 24일 마드리드에 입성했으나 몇 주 지나지 않아 점령에 반대하는 봉기가 일어났다.

나폴레옹이 이 해 여름 형인 조셉 보나파르트(Joseph-Napoléon Bonaparte, 1768~1844)를 스페인 왕으로 임명하자 보수적인 스페인 국민 대부분이 격분해 전국적으로 프랑스 점령군에 대항하는 저항이 일어났다. 11월 나폴레옹은 스스로 군을 지휘해 스페인으로 진격해 스페인군을 격파하고 12월 4일 8만 프랑스군과 더불어 마드리드에 입성했다. 이어 스페인을 도우러 온 영국군을 해안으로 몰아붙였는데, 1만 6천의 영국군은 1809년 스페인 북서부의 코룬나(Corunna) 항구를 통해 철수에 성공했다. 프랑스군은 영국군이 버리고 간 많은 전쟁 물자를 얻었다.

　1805년 12월 프레스부르크 조약을 체결한 이후 복수전을 노리던 오스트리아는 프랑스가 이베리아 반도에서 고전하는 것에 고무되어 1809년 2월 프랑스와 전쟁하기로 결정했다. 오스트리아와 영국이 동맹하여 제 5차 대 프랑스 동맹이 결성되었다. 4월 10일 오스트리아군은 프랑스의 동맹국인 바이에른 왕국을 침공했다. 나폴레옹은 군을 지휘해 4월 21~22일 에크뮐 전투(Battle of Eckmühl)에서 승리하고 5월 13일에는 비인을 점령했다. 그러나 오스트리아 주력군은 건재했다. 5월 21~22일 비인 인근의 도나우 강을 건너려는 프랑스군과 이를 저지하려는 오스트리아군 사이에 에스페른-에슬링 전투(Battle of Aspern-Essling)가 벌어져 쌍방이 각각 2만 3천의 사상자가 나는 손실을 입었다. 프랑스군은 퇴각해야 했다. 이는 야전에서 나폴레옹 최초의 패배였다.

　7월 초 프랑스군은 도나우 강을 건넜는데, 7월 5~6일 사이 15만 4천 병력의 프랑스군과 15만 8천 병력의 오스트리아군이 바그람 전투(Battle of Wagram)를 치렀다. 프랑스군의 승리했으나 손실도 컸다. 오스트리아군 사상자 수는 4만이 넘었고,

프랑스군의 사상자 수도 2만 5천이 넘었다. 더 이상 전쟁할 의지를 잃은 오스트리아는 정전(停戰)을 요청하여 정전이 성립했다. 오스트리아는 7월 30일 네덜란드에 상륙한 영국군의 전과를 기대했다. 그러나 영국 원정군의 실패가 확실해지자 강화 협상에 응하여 10월 14일 쇤부룬 조약(Treaty of Schönbrunn)이 체결되었다. 이 조약으로 오스트리아는 적지 않은 규모의 영토와 300만 인구를 잃었다. 그런데 10월 12일 나폴레옹 암살 미수 사건이 일어나 나폴레옹은 조약 체결 이틀 만에 비인을 떠났다.

이 사건 이후 나폴레옹은 자신의 제국을 굳건히 하기 위해 후사가 필요하다는 생각이 굳어졌고 유럽 강대국의 왕실 여자와 결혼해야 제국의 정통성이 커질 것으로 보았다. 나폴레옹은 러시아 알렉산드르 1세의 여동생 안나 파블로브나(Анна Павловна, 1795~1865)와의 결혼을 러시아에 요청했다. 이에 놀란 오스트리아의 메테르니히(Klemens Wenzel von Metternich, 1773~1859) 백작은 프란츠 1세를 설득해 황제의 장녀 마리 루이즈(Marie Louise, 1791~1847)를 나폴레옹의 황후로 제안했다.

오스트리아 황제 프란츠 1세 (재위 1804 ~ 1835)

오스트리아가 기반인 합스부르크 왕조는 1438년부터 대대로 신성로마제국 황제 자리를 유지했다. 1792년 신성로마제국 황제 레오폴트 2세가 사망하여 태자 프란츠 요제프 카

> 를이 프란츠 2세로 신성로마제국 황제가 되었다. 선대 황제들처럼 그도 독일 왕, 헝가리 왕, 크로아티아 왕, 보헤미아 왕, 오스트리아 대공 등 여러 타이틀을 동시에 가졌다. 1804년 나폴레옹이 황제가 될 움직임을 보이자 프란츠 2세는 오스트리아를 국가 단위로 설정하고 오스트리아 제국(Kaisertum sterreich)을 선포했다. 신성로마제국이 명목상의 제국으로 취약했기 때문이다. 이리하여 신성로마제국 황제 프란츠 2세는 오스트리아 제국의 황제로서는 프란츠 1세가 되었다. 1805년 아우스터리츠 전투에서 패배한 프란츠 2세는 프레스부르크 조약을 체결하여 신성로마제국의 실질적인 해체에 동의했다. 프란츠 2세는 1806년 8월 6일 신성로마제국 황제 자리에서 물러나(신성로마제국의 소멸) 이후 오스트리아 제국 황제 프란츠 1세로만 불렸다.

러시아와의 결혼 협상이 진척이 없자 나폴레옹은 1810년 1월 결혼 제안을 철회하고 오스트리아와 협상했다. 2월 7일 결혼 계약이 이루어지고 마리 루이즈는 이 일을 통보받았다. 마리 루이즈는 동의하냐는 질문에 "나의 의무가 명령하는 대로 따릅니다."라고 대답했다.

마리 루이즈의 완전한 성명은 마리아 루도비카 레오폴디나 프란치스카 테레제 요세파 루치아 폰 합스부르크-로트링겐(Maria Ludovica Leopoldina Franziska Therese Josepha Lucia von Habsburg-Lothringen)인데 앞의 이름 마리아 루도비카를 프랑스식으로 발음해 마리 루이즈라 했다.

나폴레옹은 첫 황후 조세핀과 이혼 절차를 끝냈고, 3월 13일 비인을 떠난 마리 루이즈는 3월 27일 마리 앙투아네트가 그랬던 것처럼 콩피에뉴 숲에서 처음으로 나폴레옹을 대면했다. 마리 루이즈는 나폴레옹에게 "초상화보다 훨씬 잘생겼네요."라고 말했다.

1810년 4월 1일 나폴레옹과 마리 루이즈는 성 요셉 교회에서 결혼식을 올렸다. 처음 나폴레옹은 측근에게 "나는 (아이를 낳을) 자궁과 결혼하였다"고 말했으나 곧 마리 루이즈와 애정이 돈독해졌다. 마리 루이즈는 1811년 3월 20일 임신 8개월 만에 고된 산고를 겪으며 아들을 낳았다. 아기의 이름은 나폴레옹 프랑수아 요셉 샤를 보나파르트(Napoléon François Joseph Charles Bonaparte)로 지었다.

1812년 나폴레옹은 대륙봉쇄령을 어긴 러시아에 60만이 넘는 대규모 원정군을 일으켜 친정했으나 실패했다. 이에 1813년 러시아, 프로이센, 오스트리아, 영국, 스페인, 포르투갈이 참여한 제6차 대 프랑스 동맹이 맺어져 프랑스를 공격했다. 1813년 10월 라이프치히 전투(Battle of Leipzig)가 벌어졌는데 프랑스는 19만 5천, 동맹군은 43만 병력을 동원했다. 동맹군이 승리하여 나폴레옹 제국은 빠르게 붕괴했다.

마리 루이즈는 나폴레옹이 퇴위한 1814년 리전트 다이아몬드를 가지고 오스트리아로 돌아갔다. 그녀의 부친인 오스트리아 황제 프란츠 1세는 이 다이아몬드를 부르봉 왕실에 돌려주어 왕관에 세팅되었다. 루이 18세, 샤를 10세, 나폴레옹 3세도 리전트 다이아몬드가 장식된 왕관을 썼다. 나폴레옹 3세의 황후 마리 위제니(Marie Eugénie)는 튈르리 궁에서 무도회가 열리면 리전트 다이아몬드를 비롯한 여러 다이아몬드로 장식한 왕관을 썼다. 리전트 다이아몬드는 1887년부터 프랑스 루브르 박물관의 아폴로 갤러리에 전시되었다.

💎 피렌체 다이아몬드

2,000년 전에 인도에서 최초로 발견된 피렌체 다이아몬드(Florentine Diamond)는 137.27캐럿의 연노랑 다이아몬드이다.
토스카나 대공 페르디난도 데 메디치 1세(Ferdinando I de' Medici, 재위 1587~1609)가 이 다이아몬드를 구입한 것은 기록으로 확인된다. 페르디난도 1세의 아들 코시모 2세(Cosimo II, 재위 1609~1628)는 베네치아 출신의 보석 세공사 폼페오 스투덴톨리(Pompeo Studentoli)에게 새로이 세공하도록 했다. 다이아몬드가 완성된 때는 1615년 10월이었다. 장 바티스트 타베르니에는 1657년 토스카나 대공 페르디난도 데 메디치 2세(Ferdinando II de' Medici, 재위 1621~1670)가 소유한 이 다이아몬드를 보고 스케치하여 기록을 남겼다. 메디치 가문의 근거지가 피렌체였으므로 이 다이아몬드는 피렌체 다이아몬드로 불린다.
그 이전 피렌체 다이아몬드의 여정은 확실하지 않은데, 두 가지 설이 있다.

부르고뉴 공작 용사 샤를이 피렌체 다이아몬드 원석을 소유했다. 그는 저명한 보석상이자 다이아몬드 세공사인 베르켄(Lodewyk van Bercken)에게 세공을 맡겼다. 용사 샤를은 1476년 3월 그랑송 전투(Battle of Grandson)에서 스위스 연방군에 패해 도주했는데, 이 와중에 피렌체 다이아몬드를 잃었다. 한 스위스 용병이 이를 주웠으나 유리의 일종으로 알고 어느 신부에게 헐값에 팔았다. 베른(Bern : 현재 스위스의 수도) 시민 바르톨로뮤 메이(Bartholomew May)라는 사람이 이를 사서 제노바 공화국으로 가서 팔았다. 이를 밀라노 공작 루도비코 스포르자(Ludovico Maria Sforza, 재위 1494~1499)가 구입했다. 밀라노 공작은 교황 율리우스 2세(Julius II, 1503~1513)의 지원을 얻으려 이 다이아몬드를 그에게 헌납했다. 메디치 가문 출신의 추기경 지오반니 디 로렌초 데 메디치(Giovanni di Lorenzo de' Medici)가 율리우스 2세의 뒤를 이어 교황 레오 10세(Leo X, 재위 1513~1521)로 선출되자 피렌체 다이아몬드는 메디치 가문의 소유가 되었다고 한다.

또 다른 설은 16세기 말 남인도의 비자야나가르(Vijayanagar) 왕이 소유했던 원석을 인도 포르투갈 식민지 고아(Goa)의 총독이었던 몬테산토 백작 루도비코 카스트로(Ludovico Castro)가 전리품으로 얻었다는 것이다. 이를 페르디난도 데 메디치 1세가 구입했다고 한다.

1569년 세워진 토스카나 대공국(Granducato di Toscana, Grand Duchy of Tuscany)은 그 기원이 피렌체 공화국이다. 1115년 성립된 피렌체 공화국은 메디치 가문의 지배하에 번영을 누렸다. 1494년 메디치 가문은 축출되었으나 1512년 교황 율리우스 2세의 지원으로 다시 피렌체를 지배하게 되었다. 1527년 메디치 가문은 다시 축출되었으나 합스부르크 가문 출신의 신성로마제국 황제 카를 5세(Karl V, 재위 1519~1556)가 피렌체를 10개월 간 포위 공격하여 1530년 항복을 받아냈다. 카를 5세는 메디치 가문을 피렌체 공화국의 세습 지배자로 선언했다. 메디치 가문 출신의 교황 클레멘트 7세(Clement VII, 재위 1523~1534)는 그의 친척인 알레산드로 데 메디치(Alessandro de' Medici)를 피렌체의 통치자로 임명했다. 1532년 카를 5세는 피렌체 공화국을 피렌체 공국으로 국체(國體)를 변경시켰다. 알레산드로 데 메디치는 피렌체 공작이 되었다.

피렌체 공국의 2대 공작인 코시모 데 메디치 1세(Cosimo I de' Medici)는 강력한 해군을 건설했다. 이를 바탕으로 1548년 제노바 공화국으로부터 엘바 섬을 매입하고 1555년 시에나 공화국(Repubblica di Siena)을 정복했다. 이에 오랫동안 그의 지원을 받았던 교황 피우스 5세(Pius V, 재위 1566~1572)는 1569년 코시모 데 메디치 1세를 토스카나 대공으로 선언하였다. 피렌체 공국은 토스카나 대공국이 되었다.

7대 토스카나 대공 지안 가스토네 데 메디치(Gian Gastone de' Medici, 재위 1723~1737)는 자식이 없었다. 그러므로 그의 사후 누가 토스카나 대공이 될 지는 여러 유럽 국가들의 관심사였다. 1733년 폴란드 왕위 계승 전쟁이 일어났는데, 프랑스, 스페인, 사르데냐 왕국, 러시아, 프로이센, 합스부르크 가문 등 유럽의 많은 나라들이 개입하였다. 1735년 강화 교섭에서 신성로마제국 황제 카를 6세의 딸인 마리아 테레지아와 결혼할 예정인 로렌 공작 프란츠 슈테판이 토스카나 대공이 되고 로렌을 프랑스 국왕 루이 15세의 장인 스타니스와프 레슈칭스키에게 양도한다는 제안이 나왔다.

1736년 마리아 테레지아와 프란츠 스테판이 결혼식을 올렸을 때 토스카나 대공 지안 가스토네 데 메디치가 하객이었다. 1737년 프란츠 슈테판은 장인 카를 6세의 설득을 받아들여 로렌을 포기하고 토스카나 대공이 되기로 했다. 이 해 7월 지안 가스토네 데 메디치가 토스카나 대공국 민중의 애도 속에 별세하고 프란츠 슈테판이 토스카나 대공이 되었다. 이리하여 토스카나 대공국은 합스부르크 령이 되었고 피렌체 다이아몬드는 합스부르크 왕실이 소유하게 되었다.

1745년 프란츠 스테판이 오스트리아 왕위 계승 전쟁 와중에 신성로마황제 대관식을 거행할 때, 황제의 관에 피렌체 다이아몬드가 장식되었다.

1770년 마리아 테레지아의 딸 마리 앙투아네트가 프랑스 루이 16세와 결혼하면서 피렌체 다이아몬드를 혼수품으로 프랑스에 가져왔다. 1810년 나폴레옹은 새 황후 마리 루이즈에게 선물로 주었는데, 나폴레옹 퇴임 후 그녀가 친정인 오스트리아로 돌아가면서 피렌체 다이아몬드는 다시 합스부르크 가문이 소유하게 되었다. 피렌체 다이아몬드는 오스트리아 황제의 관에 세팅되었다.

오스트리아 황제 프란츠 1세가 1835년 별세하여 장남 페르디난트 카를 레오폴트(Ferdinand Karl Leopold)가 페르디난트 1세(Ferdinand I, 재위 1835~1848)로 즉위했다. 페르디난트 1세의 모친 마리아 테레지아는 그 유명한 마리아 테레지아의 외손녀로 이름이 같다. 프란츠 1세와 마리아 테레지아는 이중으로 사촌이었으니 매우 가까운 근친혼이었다. 이 때문인지 페르디난트 1세는 간질에 수두증(水頭症)을 앓았으며 언어장애가 있었다(나폴레옹의 황후가 되었던 누나 마리 루이즈나 동생들은 신체장애가 없었다). 하루에 20번이나 간질 증세를 보일 때도 있어 통치는 불가능했다. 이 때문에 삼촌인 루트비히, 콜로우라트 백작, 메테르니히로 구성된 섭정위원회가 정부를 이끌었다.

페르디난트 1세의 아우 프란츠 카를(Franz Karl)은 1824년 바이에른 국왕 막시밀리안 1세(Maximilian I, 재위 1806~1825)의 딸인 조피(Sophie)와 결혼하여 1830년 프란츠 요제프(Franz Joseph)를 낳았다. 페르디난트 1세는 아이를 낳을 가망이 없었고 프란츠 카를은 정치적 야심이 없고 내향적인 성격이었으므로 야심만만한 조피는 자신의 장남 프란츠 요제프가 다음 황제로 즉위하도록 '궁정 정치'를 활발히 전개했다. 그녀는 '궁정의 유일한 남자'라고 불리기도 했다.

1848년 프랑스의 2월 혁명이 유럽 전체에 영향을 주어 다민족 국가인 오스트리아 제국 내에서도 여러 민족이 개혁을 요구하며 봉기했다. 이에 메테르니히는 사퇴하고 페르디난트 1세도 12월 퇴위했다. 제위 계승 서열 1위인 프란츠 카를은 주위의 설득을 받아들여 자신의 장남 프란츠 요제프가 제위를 계승하는 데 동의했다. 18세의 프란츠 요제프가 오스트리아 제국 황제로 즉위하니 그가 프란츠 요제프 1세(Franz Joseph I, 재위 1848~1916)이다. 그의 이름으로 보아 칭호를 프란츠 2세로 하는 것이 타당했는데도 굳이 프란츠 요제프 1세로 한 것은 근대적 개혁가로 인식되는 계몽군주 요제프 2세의 이미지와 연결 지으려 했기 때문이다. 아들이 황제가 되자 조피는 궁중의 막후

실력자가 되었다.

　1853년 조피는 바이에른의 막시밀리안 공작과 결혼한 자신의 여동생 루도비카(Ludovika)의 장녀 헬레네 카롤리네 테레제(Helene Caroline Therese)를 며느리로 삼고자 했다. 루도비카는 장녀인 헬레네, 차녀인 엘리자베트 아말리 오이게니(Elisabeth Amalie Eugenie, 1837~1898)를 데리고 온천 요양지인 바트 이슐(Bad Ischl)로 가서 프란츠 요제프 1세와 상견례를 했다. 황제는 헬레네가 아닌 16세의 엘리자베트에게 첫 눈에 반해 그녀와 결혼하지 못하면 평생 결혼하지 않겠다고 어머니 조피에게 통보했다. 엘리자베트는 5피트 8인치(172cm)의 키에 110파운드(50kg)의 체중으로 늘씬한 미인이었다. 5일 후 프란츠 요제프 1세와 엘리자베트의 약혼이 발표되었다. 1854년 4월 24일 두 사람의 결혼식이 거행되었다. 결혼 이듬해인 1855년 장녀 조피(Sophie)를 낳고 1856년에는 차녀 지젤라(Gisela)를 낳았다. 1858년 8월 엘리자베트 황후는 결혼한 지 4년 만에 아들을 낳으니 그가 루돌프(Rudolf) 황태자이다.

　자유분방하게 자란 어린 황후는 성격도 내성적이라 합스부르크 가문의 엄격하고 까다로운 에티켓과 각종 의전이 몹시 불편했다. 그녀는 역사, 철학, 문학에 비상한 관심을 기울였고 낭만주의 시인이자 급진 사상가인 하이네(Heinrich Heine)를 몹시 존경해서 그의 편지를 수집하기도 했다. 또한 헝가리를 몹시 동정하여 1867년 오스트리아-헝가리 이중 왕국(Dual Monarchy) 형식으로 헝가리의 독립을 인정하는 협정을 맺는데 큰 역할을 하기도 했다.

　1871년 프로이센 주도의 독일 통일 이후 프란츠 요제프 1세는 독일 제국과 협력하기로 결정하여 1879년 오스트리아와 독일은 동맹 조약을 체결했다. 이후 1882년 이탈리아가 독일-오스트리아 동맹에 가담하여 삼국동맹이 결성되었다.

1888년 황후 엘리자베트는 황제의 관에 세팅된 피렌체 다이아몬드를 다이아몬드 목걸이에 세팅했다.

1889년 1월 30일 메이얼링(Mayerling)의 사냥터 별장에서 황태자 루돌프가 애인 마리 베체라(Marie Alexandrine von Vetsera, 1871~1889)와 동반 자살한 시체로 발견되었다. 루돌프는 1881년 벨기에 국왕 레오폴드 2세의 셋째 공주 스테파니(Stéphanie, 1864~1945)와 결혼하여 딸 하나를 두었으나 성격 차이로 불화하여 별거 상태였다. 마리 베체라는 외교관인 알빈 폰 베체라(Albin von Vetsera) 남작의 막내딸이었다. 루돌프와 베체라는 1888년 11월 만나 급속도로 가까워졌다.

외아들인 루돌프 황태자의 사망으로 프란츠 요제프 1세의 아우 카를 루트비히(Karl Ludwig) 대공이 당연히 황위 계승자가 될 수밖에 없었으나 대공은 사양하였다. 결국 루트비히 대공의 장남인 프란츠 페르디난트(Franz Ferdinand, 1863~1914)가 황태자가 되었다.

아들의 비극적 죽음으로 엄청난 충격을 받아 극심한 우울증에 시달린 엘리자베트 황후는 답답한 궁중 생활에서 벗어나려 자주 여행을 다녔는데 1898년 9월 10일 스위스 제네바 여행 중에 이탈리아 무정부주의자 루이지 루체니(Luigi Lucheni)에게 암살되었다.

1914년 6월 28일 프란츠 페르디난트 황태자 부부가 세르비아의 사라예보를 방문했는데, 세르비아 민족주의자 가브릴로 프린치프(Gavrilo Princip, 1894~1918)에게 암살되었다. 이 사건이 도화선이 되어 삼국동맹국(독일-오스트리아-이탈리아)과 삼국협상국(영국-프랑스-러시아)로 대립하던 유럽 강대국들이 서로 선전포고하여 1차 세계대전이 일어났다(이탈리아는 중립을 선언하다가 1915년 삼국협상국에 가담. 오스만투르크는 1914년 11월, 불가리아는 1915년 독일-오스트리아에 가담).

엘리자베트 황후 사후 홀아비로 살던 프란츠 요제프 1세는 1차 세계대전 와중인 1916년 11월 세상을 떠났다. 프란츠 요제프 1세의 아우 카를 루트비히 대공의 손자 카를 프란츠 요제프(Karl Franz Joseph Ludwig Hubert Georg Otto Marie, 1887~1922)가 카를 1세(Karl I, 재위 1916~1918)로 즉위했다. 그의 황후 치타(Zita)가 피렌체 다이아몬드의 마지막 소유주가 된다.

전세가 결정적으로 불리해짐에 따라 1918년 10월 14일 오스트리아는 미국 우드로 윌슨 대통령의 14개조의 평화원칙에 따라 휴전을 요청하였다. 패전이 확실해진 11월 12일 독일-오스트리아 공화국 수립이 선포되었고 11월 16일에는 헝가리 민주공화국 수립이 선포되었다. 오스트리아 제국의 해체를 피할 수 없게 되자 마지막 황제 카를 1세와 가족은 영국 국왕 조지 5세(George V, 재위 1910~1936)의 도움으로 1919년 3월 24일 스위스로 망명을 갔다. 여러 황실 보물과 더불어 피렌체 다이아몬드도 스위스로 이송되어 보관되었다.

1921년 카를 1세는 헝가리 국왕으로 복위하려 했는데, 정치 자금 마련을 위해 피렌체 다이아몬드를 스위스의 보석상 알폰스 존더하이머(Alphons Sonderheimer)에게 담보물로 맡겨 놓았다. 이는 스타이너(Bruno Steiner) 남작의 소개에 의한 것이었다. 오스트리아 황제 가족은 1921년 11월 연합국의 결정에 따라 포르투갈의 마데이라 섬으로 이주하여 망명 생활을 해야 했다. 이때 스타이너 남작은 저당 잡힌 피렌체 다이아몬드를 찾아갔다. 1922년 4월 카를 1세가 갑작스레 폐렴으로 세상을 떠나자 치타 황후가 피렌체 다이아몬드 문제를 논의하러 스위스에 갔으나 스타이너 남작을 찾을 수 없었다. 스타이너는 다른 황실의 보석도 가지고 남미로 도주했다. 이후 피렌체 다이아몬드는 미국으로 유입되어 다시 커팅되어 팔렸다는 설이 있다.

_ 4장 _
전설의 다이아몬드, 코히 누르

- 코히 누르의 탄생
- 페르시아로 간 코히 누르
- 인도로 돌아온 코히 누르
- 영국 왕실 소유가 된 코히 누르

💎 코히 누르의 탄생

페르시아어로 '빛나는 산'이란 뜻인 코히 누르(Koh-i-Noor)로 불리는 다이아몬드는 본래 원석이 793캐럿이었다. 현재 105.6캐럿인 이 다이아몬드는 그 시기는 알 수 없지만 현재의 인도 안드라 프라데시(Andhra Pradesh) 주에서 또 다른 대형 다이아몬드 다르야에 누르(Darya-ye Noor, '빛나는 바다')와 같이 채굴된 것으로 추정된다. 코히 누르는 주요 전리품으로 여러 군주의 소유를 거치게 된다.

인도 전설에 따르면 코히 누르는 태양신 수르야(Surya)의 아들인 카르나(Karna)의 이마에 붙어 있었다. 카르나의 생모는 고대 인도 쿤티 왕국의 공주 쿤티(Kunti)였는데, 현자 두르바사(Durvasa)의 축복을 받아 어떠한 신격이라도 불러 그 신의 아기를 낳을 수 있게 되었다. 미혼인 쿤티는 태양신 수르야를 불렀는데, 갑옷과 귀걸이 한 쌍을 지니고 이마에 다이아몬드가 붙은 아기를 낳았다. 미혼모가 되는 것을 두려워한 쿤티는 아기를 바구니에 넣어 갠지즈 강의 지류인 야무나 강에 띄웠다. 하스티나푸르(Hastinapur) 국의 왕인 드리타라슈트라(Dhritarashtra)의 전차를 모는 아디라타(Adhiratha)가 아기를 발견했다. 아기는 궁정으로 안내되었고 이마에 붙어 있던 코히 누르는 시바(Shiva) 여신 신상의 계시의 눈에 갖다 붙여졌다고 한다. 세월이 흘러 카카티야 왕조(Kakatiya Dynasty, 1083~1323)가 이 시바 여신의 신상을 차지했다.

코히 누르의 사연을 알려면 이슬람이 침투한 이후의 인도 역사를 헤아려야 한다.

초기 이슬람 세계를 지배한 우마이야 왕조(661~750)는 다이아몬드로 상징되는 인도의 부를 잘 알고 있었다. 712년 아랍인 장군 무하마드 빈 카심(Muhammad bin Qasim)이 현재의 파키스탄인 인더스(Indus) 지방의 대부분을 정복했다. 그러나 라자스탄(Rajasthan) 전투에서 힌두교를 신봉하는 인도의 지방 제후들에게 패하여 더 이상 인도의 영역을 차지하지 못했다.

한편 인도 남부의 해안에는 이슬람 무역상이 세운 정착촌이 번성했다.

1206년에서 1526년의 320년 간 북인도에는 델리(Delhi)를 수도로 한 5개의 단명한 이슬람 왕조가 연이어 존속했으니 맘룩 왕조(Mamluk dynasty, 1206~1290), 힐지 왕조(Khilji dynasty, 1290~1320), 투글락 왕조(Tughlaq dynasty, 1320~1414), 사이드 왕조(Sayyid dynasty, 1414~1451), 로디 왕조(Lodi dynasty, 1451~1526)이다. 이 가운데 앞선 4개 왕조는 투르크 계통이고 마지막 로디 왕조는 아프가니스탄 인들이 세운 왕조이다. 이 왕조들을 통틀어 델리 술탄 왕조(Delhi Sultanate)라고 부르는데 모두 페르시아어를 공용어로 썼다. 이 왕조의 군주들은 군주의 칭호를 술탄(Sultan)이라 했다.

델리 술탄 왕조 가운데 첫 번째 왕조인 맘룩 왕조는 맘룩이었던 쿠트브 웃딘 아이바크(Qutb-ud-din Aibak)가 세웠다.

맘룩은 '소유된 자'란 뜻으로 신분이 노예였다가 이슬람으로 개종하고 군인이 된 자들이다. 9세기에 개종한 노예를 병사로 쓰는 일이 시작되었는데, 맘룩은 점차 다수의 이슬람 사회에서 세습적인 직업 군인 계급이 되었다. 맘룩은 이집트와 레반트 지역, 현재의 이라크와 인도에서 정치, 군사적 실권을 쥐게 되었다.

델리 술탄 왕조 가운데 두 번째 왕조였던 힐지 왕조는 인도 중부까지 세력을 뻗쳤으나 인도 아대륙을 통일하는 데는 실패했다.

투글락 왕조의 창시자 기야스 웃딘 투글룩(Ghiyas ud-Din Tughluq)은 1323년 아들인 울룩 한(Ulūgh Khān)을 보내어 남인도를 지배하는 카카티야 왕조를 치게 했다. 울룩 한은 카카티야 왕조를 멸망시키고 코히 누르를 얻었다. 코히 누르는 이어 로디 왕조가 소지했다가 1526년 무갈 제국의 창시자 바부르(Babur)에게 들어왔다. 바부르는 자신의 회고록 《바부르 나메(Babur-Nāmah)》에서 이 다이아몬드의 유래에 대해 기술했다. 바부르는 이 보석을 '바부르의 다이아몬드'라 불렀다.

타지마할 건설로 유명한 무갈 제국 5대 군주 샤자한(Shah Jahan, 재위 1628~1658)은 화려하기 그지없는 공작의 옥좌(Peacock Throne)를 꾸미는데 코히 누르를 썼다. 다이아몬드, 루비, 에머랄드 등 온갖 보석으로 치장한 공작의 옥좌는 그 값어치가 2000년 화폐가치로 약 8억 1천만 달러에 해당한다. 샤자한의 아들인 아우랑제브(Aurangazēb, 재위 1658~1707)는 베네치아 출신의 보석 세공사 오르텐소 보르지아(Hortenso Borgia)에게 코히 누르를 세공하도록 했는데, 솜씨가 서툴러 793캐럿의 원석을 186캐럿으로 줄였다. 아우랑제브는 코히 누르를 자신의 개인 소유인 바드샤히 모스크에 안치했다.

💎 페르시아로 간 코히 누르

 영원히 인도에 있을 것 같던 코히 누르는 페르시아의 침공으로 운명이 바뀌었다. 18세기에 들어 페르시아의 사파비 왕조(Safavid dynasty, 1502~1736)는 혼란에 빠졌다. 동부 호라산 지방의 아프간 부족은 반란을 일으켰는데 진압하러온 부대를 물리치고 서쪽으로 진격하여 수도 이스파한을 포위했다. 포위망을 뚫지 못한 사파비 왕조의 군주 술탄 후세인(Sultan Husayn)은 반란군의 요구에 따라 퇴위하고 반란군 지도자 마흐무드 호타키(Mahmud Hotaki)가 새로운 샤(Shah, 페르시아의 군주 호칭)로 즉위했다. 술탄 후세인의 아들 타흐마스프(Tahmasp)는 타브리즈에서 스스로를 샤라고 선언했다. 이러한 혼란을 틈타 오스만 투르크와 러시아도 페르시아의 영토를 잠식했다. 뛰어난 군사적 재능을 가진 나디르 샤(Nādir Shāh)는 타흐마스프의 장군이 되어 수도 이스파한을 점령한 아프간 부족을 몰아내고 오스만 투르크와 러시아에 빼앗긴 영토도 수복했다. 1732년 타흐마스프를 퇴위시키고 그 아들 압바스(Abbas)를 샤로 세우고 섭정이 된 나디르 샤는 1736년에는 스스로 샤가 되었다.
 1738년 아프간 반란 세력의 마지막 거점인 칸다하르(Kandahar)를 점령한 나디르 샤는 무갈 제국 황제인 무하마드 샤(Muhammad Shah, 재위 1719~1748)에게 무갈 제국으로 피신한 아프간 부족의 송환을 요구했다. 무하마드 샤가 이를 거절하자 나디르 샤는 무갈 제국 영내로 진격하여 카불(Kabul), 페샤와르(Peshawar), 신드(Sindh), 라호르(Lahore) 등 주요 도시를 점령했다. 이어 인더스 강을 건넌 나디르 샤는 1739년 2월 13일 델리 북쪽 110km 떨어진 카르날(Karnal)에서 5만 5천 병력으로 무갈 제국군 10만을 격파하고 무하마드 샤를 포로로 잡았다. 페르시아 군은 3월 11일 델리로 들어갔다. 나디르 샤가 암살되었다는 소문에 델리 주민들이 페르시아 병사 5명을 죽였다. 이에 나디르 샤는 보복으로 델리 약탈을 명령했는데 3월 22일 단 하루 동안 2~3만을 학살했다. 5월 나디르 샤는 철수했는데 그 대가로 무하마드 샤는 보유한 보물들을 내놓아야 했다. 공작의 옥좌와 코히 누르도 나디르 샤가 가져갔다. 무하마드 샤는 다른 것은 몰라도 무갈 제국의 시조 바부르가 얻은 '바부르의 다이아몬드'만은 주기 싫어 머리에 두른 터번에 숨겼다. 그러나 나디르 샤가 주최한 희생자를 위로하는 파티에서 평화의 표시로 상대와 터번을 바꾸는 관습 때문에 터번을 나디르 샤에 넘겨줄 수밖에 없었다. 이 다이아몬드를 본 나디르 샤는 '코히 누르!'(Koh-i-Noor!, 빛나는 산!)이라고 외쳤다. 코히 누르라는 명칭은 이래서 생겨났다. 나디르 샤가 인도에서 얻은 전리품은 막대하여 나디르 샤는 귀국하자 3년간 조세를 걷지 않는다고 선언할 수 있었다.

전설에 따르면 나디르 샤의 한 후궁이 코히 누르의 가치를 다음과 같이 평했다고 한다.

기운이 장사인 남자가 돌 다섯 개를 동서남북과 하늘로 던지고 그 돌들 사이의 공간을 금과 보석으로 채운다면 코히 누르의 가치와 같을 것이다.

아우랑제브 사후 쇠퇴하던 무갈 제국은 나디르 샤의 침공 이후 더욱 약화되어 영국 동인도 회사는 인도 남부와 중부를 식민화할 수 있었다. 무갈 제국은 인도 각 지방에 대한 지배력을 상실하고 델리에서 명목상으로만 존재하는 형편이 되었다.

💎 인도로 돌아온 코히 누르

1747년 6월 나디르 샤가 암살되자, 페르시아의 각 지방은 대부분 독립을 선언했다. 나디르 샤의 장군 가운데 한 사람으로 아프가니스탄의 압달리 파슈툰 부족 출신인 아흐마드 샤 두라니(Ahmad Shāh Durrānī)는 10월 부족회의에서 부족의 지도자로 선출되었다. 아흐마드 샤 두라니는 1747~1751년 사이 편잡(Punjab) 지방을 3차례 침공하고 페르시아의 니샤푸르와 마샤드를 점령했다. 1756~1757년 사이에는 네 번째로 인도를 침공해서 델리를 약탈했다. 그러나 무갈 제국을 해체하지는 않았다. 아흐마드 샤 두라니는 서쪽으로는 페르시아의 호라산 지방, 동쪽으로는 카슈미르와 북인도 지역, 북쪽으로는 아무 다리야 강까지 영토를 늘렸다. 그가 건설한 제국은 두라니 제국으로 불리는데 아프가니스탄 인들이 건설한 최후의 제국이었다. 나디르 샤의 손자인 샤로흐(Shahrokh)는 코히 누르를 잃으니 차라리 고통 속에 죽겠다고 말할 정도로 애착을 가졌으나 아흐마드 샤 두라니가 차지하게 되었다.

> ### 편잡 (Punjab)
>
> 편잡은 현재 파키스탄 동부와 인도 북부에 걸친 면적 35만 5천 평방킬로미터의 광대한 지역이다. 파키스탄에서는 편잡 주와 이슬라마바드 수도권, 아자드 카슈미르를 이룬다. 인도에서는 편잡 주와 잠무 구역과 라자스탄 등의 지역이다.
>
> 편잡은 2개의 페르시아 어휘 'punj(다섯)'와 'ab(물)'의 합성인데 인더스 강의 다섯 지류인 젤룸(Jhelum) 강, 체납(Chenab) 강, 라비(Ravi) 강, 수틀레즈(Sutlej) 강, 베아스(Beas) 강을 말한다. 페르시아, 그리스 인, 쿠샨 왕조, 무갈 제국, 영국 등 인도로 침입한 세력은 모두 편잡 지방을 거쳤으므로 주민 구성은 매우 복잡하다. 이 지역의 주요 종교는 이슬람, 힌두교, 시크교이다. 1947년 영국의 인도 지배가 끝나면서 편잡은 파키스탄과 인도로 분할되어 편입되었다.

아흐마드 샤 두라니는 1772년 사망했는데 장남인 티무르 샤 두라니(Timur Shāh Durrānī, 재위 1772~1793)가 계승했다. 티무르 샤 두라니는 1776년 수도를 칸다하르에서 카불로 옮겼다. 그의 치세에 두라니 제국은 쇠퇴하기 시작했다. 티무르 샤 두라니는 아들이 24명이었는데, 그의 사후 이들이 치열한 제위 다툼을 벌였다. 티무르 샤 두라니의 다섯째 아들인 자만 샤 두라니(Zaman Shāh Durrānī)가 즉위했는데 편잡 지방의 시크 교도들이 독립하려 했다. 무력 진압에 실패한 티무르 샤 두라니는 시크 교도들의 지도자 란지트 싱(Ranjīt Singh)을 편잡의 총독으로 임명하였다. 1801년 티무르 샤 두라니는 축출되고 그의 이복형 마흐무드 샤 두라니(Mahmud Shāh Durrānī)가 제위를 계승했다. 그도 2년 만에 이복동생인 슈자 샤 두라니(Shujāh Shāh Durrānī)에게 축출되었다. 슈자 샤 두라니는 6년만인 1809년에 다시 마흐무드 샤 두라니에게 제위를 빼앗겼다. 이후에도 티무르 샤 두라니의 아들들이 뺏고 뺏기는 제위 계승전을 벌였다.

폐위된 슈자 샤 두라니는 코히 누르를 가지고 인도로 망명을 갔다. 1813~1814년 사이 편잡 지방의 중심 도시 라호르에 머물렀는데 편잡 지방의 지배자인 란지트 싱은 그로부터 코히 누르를 뺏었다. 란지트 싱은 1839년 사망할 때까지 활발한 정복 활동으로 이른바 시크 제국을 건설하여 '편잡의 사자'라는 별명을 얻었다. 시크 제국의 영토는 동으로는 서부 티베트, 북으로는 카슈미르, 서쪽으로는 현재 아프가니스탄과 파키스탄을 가르는 히베르 패스에 이르렀다. 란지트 싱은 임종하면서 코히 누르를 인도 동부에 있는 도시 푸리(Puri)의 힌두교 사원인 자가나트 사원(Jagannath Temple)에 안치하라고 유언했다.

그러나 란지트 싱의 사후 시크 제국은 내부 갈등으로 급격히 약화되었다. 란지트 싱의 여러 아들이 단기간 집권하다가 줄줄이 암살되고 1843년에는 막내아들인 둘립 싱(Dulīp Singh)이 5세의 어린 나이로 즉위했다. 모친인 진드 카우르(Jind Kaur)가 섭정이 되었다.

영국은 동인도 회사를 통해 인도 아대륙에서 세력을 확장하고 있었는데, 인도 총독 엘렌보로(Ellenborough)와 하딘저(Henry Hardinge)는 란지트 싱이 사망하자 계속 군비를 증강시켰다. 이에 따라 시크 제국과 영국 사이에 긴장이 높아졌는데 1845년 12월 편잡 남부의 페로즈샤(Ferozeshah) 마을에서 충돌하였다. 1차 영국-시크 전쟁의 시작이었다. 야포 130문을 보유한 2만 5천의 시크 군과 야포 69문을 동반한 1만 8천의 영국군이 교전하여 영국이 승리했다. 영국은 1846년 1월의 알리왈(Aliwal) 전투에서 대승하고 2월에는 소브라온(Sobraon)에서 시크 증원군의 주력을 소멸시켰다.

1846년 3월 9일 라호르 조약이 체결되어 시크 제국은 카슈미르(Kashmir)와 하자라(Hazara) 지방을 잃었다. 또한 영국인 주재관이 제국 내에 상주하여 진드 카우르를 추방하는 등 폭넓게 내정간섭을 하게 되었다. 영국에 대한 반감이 치솟는 가운데 1848년 2차 영국-시크 전쟁이 일어났다. 영국이 일방적으로 승리하여 시크 제국은 무너졌다. 1849년 3월 29일 시크 제국의 수도 라호르에 영국 국기가 올라가고 영국의 인도 총독 달하우지(Dalhousie)는 편잡이 대영제국의 일부라고 선언하였다.

💎 영국 왕실 소유가 된 코히 누르

코히 누르의 명성을 잘 아는 달하우지는 편잡을 합병한 2차 라호르 조약에서 코히 누르에 대한 조항을 넣었다.

란지트 싱이 슈자 샤에게서 훔친 코히 누르라 불리는 보석은 라호르의 군주가 영국 여왕에게 헌상되어야 한다.

영국 본토에서는 달하우지가 코히 누르를 획득한 것을 비난하는 여론이 있었으나 달하우지는 1849년 8월 코히 누르를 전리품으로 본다는 내용의 편지를 조지 쿠퍼 경(Sir George Cooper)에게 보냈다.

> 내가 마하라자(Maharaja : 시크 제국의 군주 호칭)에게 코히 누르를 여왕님에게 양도하게 한 일 때문에 동인도 회사는 심란합니다. 《데일리 뉴스》지와 (전 인도 총독) 엘렌보로 경은 여왕 폐하를 위해 (시크 제국의 보물을) 모두 몰수하지 않았다고 분개하고 있습니다.
>
> (중략)
>
> 코히 누르가 여왕 폐하에게 그 신민(臣民)인 동인도 회사 직원들이 주는 선물로 - 선물은 호의로 주는 것입니다 - 주어지는 것보다는 정복당한 군주의 손으로부터 그의 정복자인 군주의 손으로 헌상되는 것이 더 영광스러운 일입니다.
> 동인도 회사 직원들은 그렇게 느끼고 있습니다.

영국이 시크 제국을 정복하면서 얻은 황실 금고의 보물 가치는 코히 누르를 빼고도 1백만 파운드였는데 이는 2014년 현재

가치로 8천 7백 80만 파운드가 된다.

  1850년 달하우지는 둘립 싱이 직접 빅토리아 여왕에게 코히 누르를 전달하도록 주선했다. 1850년 4월 6일 코히 누르와 둘립 싱 일행을 태운 증기선 메디아(Medea) 호가 봄베이 항구에서 영국을 향해 출항했다. 메디아 호는 어려운 항해 끝에 6월 29일 영국의 플리머스(Plymouth) 항에 도착했다. 7월 3일 코히 누르 헌상 의식이 있었는데, 이 날은 영국 동인도 회사 창립 250주년이 되는 날이기도 했다. 코히 누르와 더불어 361 캐럿이나 되는 티무르 루비(Timur ruby)도 빅토리아 여왕에게 헌상되었다.

  1851년 런던에서 만국 박람회가 열렸는데, 박람회 첫날 코히 누르는 하이드 파크에 전시되어 대중에 그 모습을 드러냈다. 사람들은 공개 전날 줄을 지어 밤새 기다렸다. 그러나 코히 누르의 광채를 흐리게 하는 인도식 컷 때문인지 영국인들은 이 '전설의 보석'을 보고도 그다지 큰 호응을 보이지는 않았다. 황태자비 알렉산드라는 코히 누르를 다시 세공하기로 했다. 네덜란드에서 가장 저명한 다이아몬드 상인인 모제스 코스터(Mozes Coster)가 이 일을 맡게 되었다. 코스터는 가장 뛰어난 세공기술자인 보오생거(Voorsanger)를 런던에 파견했다.

  1852년 7월 6일 세공이 시작되었는데, 이를 위해 증기 기관으로 가동되는 세공 공장이 특별히 지어졌다. 코히 누르 세공은 영국 왕실의 큰 관심사였다. 빅토리아 여왕의 남편인 앨버트 공(Prince Albert)과 광물학자 제임스 티넌트(James Tennant)가 직접 감독하는 가운데 세공 작업은 38일 걸려 끝났다. 186캐럿이었던 코히 누르는 105.602 캐럿(21.61g)이 되었는데 광채가 매우 좋아졌다.

  새로이 가공된 코히 누르는 빅토리아 여왕의 브로치에 세팅되었다. 빅토리아 여왕이 사망하자 코히 누르는 알렉산드라 왕비의 왕관에 조합되었다. 남편인 에드워드 7세의 대관식에 그녀는 코히 누르가 박힌 왕관을 썼다. 조지 5세(George V, 재위 1910 ~ 1936)의 배우자인 메리 왕비(Queen Mary)와 엘리자베스 2세(Elizabeth II, 재위 1952 ~)도 대관식에 역시 같은 왕관을 썼다.

_ 5장 _
남아프리카 공화국과 다이아몬드

- 케이프 식민지
- 다이아몬드 러시
- 줄루 전쟁
- 보어 전쟁
- 남아프리카 연합에서 남아프리카 공화국으로

💎 케이프 식민지

대항해 시대의 선두 주자 포르투갈은 인도, 극동과 직접 교역 루트를 개척하려했다. 1488년 3월 12일 포르투갈의 탐험가 바르돌로뮤 디아스(Bartolomeu Dias)는 아프리카 남단의 한 곶[岬, cape]을 발견하고 '폭풍의 곶(Cabo das Tormentas)'라 이름 붙였다. 후에 포르투갈 국왕 주에웅 2세(João II)는 '희망봉(喜望峰, Cabo da Boa Esperança)'이라 이름 지었다. 1498년 스페인의 바스코 다가마(Vasco da Gama)는 희망봉을 경유하는 동인도 항로를 개척했다. 1652년 네덜란드 동인도 회사가 희망봉 지역에 정착지를 세웠다. 이는 식민지를 건설하려는 목적이 아니라 인도로 가는 선박에 신선한 고기, 야채, 과일 등을 공급하는 기지로 쓰기 위한 것이었다. 이 지역으로 이주한 네덜란드 농부들은 경작과 목축에 성공하였고 인구가 늘어나 케이프 식민지(Cape Colony)가 형성되었다.

1795년 혁명이 한창이던 프랑스는 네덜란드의 7개 주를 점령하였고 네덜란드는 프랑스의 동맹국이 되어 영국에 대항했다. 영국은 이에 맞서 군함 9척으로 이루어진 함대를 보내어 아프리카 남단에 위치한 네덜란드의 케이프 식민지를 점령했다. 1814년 영국과 네덜란드는 식민지에 관한 조약을 맺었는데, 네덜란드는 케이프 식민지를 영국에 할양했다. 1820년부터 영국인의 이주가 시작되었는데, 원주민인 흑인들에게도 어느 정도 권리를 주었다. 1833년 영국은 케이프 식민지에서 노예제를 폐지했다. 스스로를 보어(Boer, 농부를 뜻하는 네덜란드어)라 부른 네덜란드 계 농장주들은 이에 반발하여 아프리카 내륙으로 이주했는데, 1838년 원주민인 줄루(Zulu) 족과 충돌했다. 줄루 족은 9세기에 아프리카 중부에서 현재의 나탈 지역으로 이주했다. 소를 목축하는 줄루 족은 1818년 샤카(Shaka)의 지도하에 왕국으로 발전했다.

1838년 12월 16일 벌어진 블라드 리버 전투(Battle of Blood River)에서 470명의 보어인은 1만 5천의 줄루 족 전사들에게 대승을 거두었다. 보어인들은 1839년 영국인 거주지인 나탈 항 서쪽에 위치한 지역에 나탈리아 공화국(Natalia Republic)을 세웠다. 나탈리아 공화국은 줄루 왕국의 새로운 국왕 므판데(Mpande)와 우호 관계를 유지했다.

영국도 해안선을 따라 동쪽으로 식민지를 넓혀나갔는데, 1842년에는 나탈리아 공화국을 점령하여 1843년에는 나탈 식민지(Colony of Natal)를 세웠다. 영국에 패한 보어인들은 오렌지 강을 넘어 다시 북으로 이주하여, 1850년대에는 트랜스바알 공화국(Transvaal Republic)과 오렌지 자유국(Orange Free State)을 건설했다.

나탈 식민지를 세운 이후에도 영국은 내륙으로 식민 지역을 확장하였는데, 이에 따라 보어인과 아프리카 원주민 부족과의 충돌, 교전도 빈번해졌다. 1853년 영국의 빅토리아 여왕은 케이프 식민지 주민의 요구에 응해 의회 개설을 승인하여 선거에 의해 의회가 설립되었다. 케이프 식민지의 헌법도 제정되었는데 인종차별과 계급차별을 금지했다.

💎 다이아몬드 러시

　1867년 케이프 식민지의 중심지인 케이프타운(Cape Town)에서 동북쪽 890km 떨어진 오렌지 강 인근에서 15세 소년 에라스무스 야콥스(Erasmus Jacobs)가 배수구를 뚫을 막대기를 찾다가 강둑의 자갈 사이에서 반짝거리는 조약돌을 발견했다. 야콥스는 드 칼크 농장의 주인 다니엘 야콥스의 아들이었다. 야콥스는 그 돌을 예쁜 돌을 수집하는 누이동생 루이자에게 주려고 농장으로 가져갔다. 모친이 이 빛나는 돌을 이웃 농장주 샬크 반 니커크(Schalk van Nierkerk)에게 말했다. 니커크가 돈을 주고 사려 하자 야콥스의 모친은 거저 주었다. 니커크는 이 돌의 가치를 알려 했는데 민사 판무관 루렌조 보이에스(Lourenzo Boyes)가 이를 보고는 다이아몬드인 것 같다고 했다. 우편으로 케이프 식민지에서 가장 뛰어난 광물학자 아더스토운(William Atherstone) 박사에게 보내니, 그는 이 돌이 21.23 캐럿(4.25g)의 다이아몬드라고 판정했다. 이 대형 다이아몬드는 나중에 '유레카(Eureka)'라 불리게 되는 데, 남아프리카에서 최초로 발견된 다이아몬드였다. 유레카는 그 해 열린 파리 만국박람회에 출품되어 전시되었다. 영국 정부는 에라스무스 야콥스에게 보상금을 주려고 했는데, 그는 "그런 돌은 너무나 흔합니다."라며 거절했다. 케이프 식민지로 돌아온 유레카는 식민지 총독 필립 우드하우스(Philip Wodehouse)에게 500파운드에 팔렸다.

　이때까지 다이아몬드는 인도와 브라질에서만 채굴되었는데, 사람들은 유레카의 발견을 우연이라 치부할 뿐 남아프리카에 다이아몬드가 대량으로 매장되었을 것으로 보지 않았다.

1869년 역시 오렌지 강 인근의 야산 콜레스베르그 코프예(Colesberg Kopje)에서 어느 목동이 83.5캐럿이나 되는 초대형 다이아몬드를 발견했다. 이 야산은 드 비어스(De Beers) 형제가 소유한 농장 안에 있었다. 샬크 반 니커크는 서둘러 양 500마리, 소 10마리, 말 1필을 주고 다이아몬드를 샀다. 니커크는 다시 이 다이아몬드를 11,200 파운드에 팔았다. 나중에 '남아프리카의 별'이라 불리게 되는 이 다이아몬드의 최종 소유자는 2만 5천 파운드에 구입한 두들리(Dudley) 백작부인이었다.

'남아프리카의 별'이 발견되자 케이프 식민지는 다이아몬드가 대량으로 매장되어 있다고 확신하게 되었다. 케이프타운의 식민 장관 리처드 사우디 경은 식민지 의회에 나가 이 다이아몬드를 탁자 위에 올려놓고 선언했다.

> 여러분, 남아프리카의 미래가 이 보석을 기반으로 건설될 것입니다.

이후 다이아몬드 러시가 일어나 전 세계에서 수만의 사람들이 맨주먹만 가지고 몰려들어 다이아몬드 광산을 개발했는데, 채굴지는 트랜스바알 공화국, 오렌지 자유국과 케이프 식민지의 경계에 위치했다. 이들은 'Diggers(채굴업자들)'라 불렸는데, 저마다 좋은 입지에서 구덩이를 파려고 아귀다툼을 벌였다. 모두가 손해를 보자 각자 30 제곱 피트의 땅을 클레임으로 확정하고 거기에 텐트를 세우고 다이아몬드를 채굴하기로 합의했다. 전직 선원으로 채굴업자 가운데 한 사람인 영국인 스태포

드 파커(Stafford Parker)는 채굴권을 보호받고자 1870년 채굴자들을 규합해 '다이아몬드 채굴자 공화국(Diamond Diggers Republic)' 성립을 선포하기도 했다. 채굴자들의 천막촌이 생기고 교회, 은행, 주점, 식료품 가게들이 줄줄이 세워져 결국 도시 킴벌리(Kimberley)가 생겨났다. 벨기에의 항구 도시 앤트워프에는 다이아몬드 세공을 전문으로 하는 기업이 40개가 생기는 등 다이아몬드 붐의 혜택을 입었다.

◆ 줄루 전쟁

1872년 더 많은 자치를 주장하는 케이프 식민지 유지들의 요구가 받아들여져 '책임 정부(Responsible Government)'가 세워졌다. 이리하여 케이프 식민지의 모든 행정부서는 현지 주민이 통제하게 되었다.

1875년 영국 보수당 디즈레일리 내각의 식민성 장관인 카나본 경(Lord Carnarvon)은 트랜스바알 공화국과 오렌지 자유국에게 영국과 연방을 결성하자고 제의했다. 두 나라는 고심 끝에 이 제안을 거절했다. 1877년 나탈 식민지의 원주민 행정관 셉스톤(Theophilus Shepstone)은 트랜스바알 공화국을 합병했다. 트랜스바알 공화국은 줄루 족과 전쟁 상태였으므로 전선이 양쪽에 생기는 것을 우려하여 영국에 저항하지 않았다.

트랜스바알의 보어인들의 대표로 폴 크루거(Paul Kruger)

는 영국 정부와 협상하러 2차례 런던을 방문해 영국 정부와 협상했다. 1878년 9월 2차 영국 방문에서 돌아온 크루거는 영국 케이프 식민지 총독인 프레르(Bartle Frere)와 프레더릭 테지거(Frederic Thesiger) 중장을 만나 영국 정부와의 협상 내용을 알려주었다.

나탈 식민지의 총독이자 트랜스바알의 행정관이 된 셉스톤은 현대식 소총을 얻어 강력해진 줄루족이 우려되었다.

케이프 식민지 총독 겸 고등판무관인 프레르는 남아프리카의 여러 영국 식민지와 보어인의 국가, 원주민의 국가 등을 통합하여 국가연합을 만들라는 임무를 갖고 부임했었다. 그는 줄루 왕국이 이 일에 방해가 된다고 결론지었다. 영국 정부는 발칸 반도와 인도의 정정(政情)에 대처하기에도 힘이 벅찼으므로 줄루 부족과의 전쟁은 피하고 싶었지만 프레르는 1878년 12월 줄루 왕국에 군을 해산시키고 영국인의 거주를 받아들이라는 최후통첩을 보냈다. 줄루 왕국의 국왕이 시간을 달라고 요구하자 전쟁을 결심한 프레르는 거절했다. 1879년 1월 초 프레더릭 테지거 중장이 지휘하는 7천 정규군과 모병한 7천의 흑인 부대가 줄루 왕국을 공격하기 시작했다. 이는 영국 정부의 승인을 받지 않은 것이었다. 1월 22일 2만의 줄루 왕국군은 이산들와나 전투(Battle of Isandlwana)에서 영국군에 승리하였다. 이에 영국 정부는 2개 포병부대와 7개 연대를 나탈 식민지에 증파했다.

3월 29일 줄루 군의 공격으로 캄불라 전투(Battle of Kambula)가 벌어져 영국군이 대승하였다. 이는 줄루 전쟁의 분수령이었다. 프레더릭 테지거 중장은 교체될 예정이었으므로 서둘러 최후 공세를 벌이려 했다.

당시 영국군 장교였던 나폴레옹 3세의 외아들 나폴레옹 위제니(Napoléon Eugène Louis Jean Joseph Bonaparte, 1856~1879)는 빅토리아 여왕에게 간청하여 줄루 전쟁에 참전했다. 나폴레옹 3세는 1870년 프로이센군에 포로가 되어 퇴위하고 영국으로 망명했는데, 나폴레옹 위제니는 영국 육군 사관학교를 졸업했다. 6월 1일 정찰 임무를 띠고 출동했던 나폴레옹 위제니는 줄루 왕국 병사의 매복 공격을 받고 전사했다.

7월 4일 영국군이 줄루 왕국의 수도 울룬디(Ulundi)를 점령하여 줄루 왕국은 독립을 잃고 그 땅은 친영적인 족장들의 영지로 분할되어 영국의 지배를 받게 되었다.

◆ 보어 전쟁

줄루 왕국이 소멸되자 트랜스바알의 보어인들은 영국의 합병을 비난하는 목소리를 높였다. 1880년 12월 보어인이 독립을 선언하고 영국군을 공격하여 1차 보어 전쟁(First Boer War)이 일어났다. 무장한 보어인도 소수이고 주둔한 영국군도 많지 않아 몇 차례 소규모 전투가 벌어지는 정도의 전쟁이었다.

1881년 2월 27일 마지막 주요 전투인 마주바 언덕 전투(Battle of Majuba Hill)가 벌어져 영국군이 패배했다. 양 측의 병력은 비슷하여 영국군 405명, 보어군은 4, 5백이었다. 영국군의 전사자는 지휘관 조지 콜리(George Pomeroy Colley) 소장을 포함하여 92명이었고 여기에 부상 134명, 포로 59명으로 합쳐 병력의 70%가 넘는 손실을 입었다. 반면 트랜스바알 보어군은 1명이 전사하고 5명이 부상을 입었다.

영국의 글래드스턴 내각이 휴전을 명령하여 1881년 3월 6일 휴전 협정이 체결되었다. 이어 강화 조약이 3월 23일 프리토리아에서 체결되었다. 영국은 명목상의 종주권만 얻고 보어인은 완전한 자치를 얻는 내용이었다.

1890년 드 비어스의 소유주 세실 로즈는 케이프 식민지의 수상이 되어 광산업자와 공장주들에게 유리한 여러 법률을 제정했다. 1894년에는 글렌 그레이 법(Glen Grey Act)을 제정해 농장주와 사업가들이 원주민 노동력을 동원하기 쉽게 했다.

1899년 10월 2차 보어 전쟁(Second Boer War)이 일어났다. 이 전쟁의 근원은 19세기 이래 보어인과 대영제국 사이의 갈등이었지만 직접적인 원인은 1886년 트랜스바알 공화국에서 위트워터스란드(Witwatersrand) 금광이 발견된 탓이었다. 이 금광의 발견으로 골드러시가 일어나 도시 요하네스버그(Johnnesburg)가 탄생했다. 10년이 채 지나지 않아 요하네스버그는 케이프타운을 누르고 남아프리카 최대의 도시가 되었다. 위트워터스란드 금광 덕에 트랜스바알 공화국은 남아프리카에서 가장 부유하게 되었고 잠재적인 강국이 되었다. 그러나 전 세계에서 몰려온 외국인 채굴자들(주로 영국인)로 인구 구성이 크게 변화해 트랜스바알에서 보어인이 오히려 소수가 되었다. 보어인과 신참 이주민과의 갈등이 커져 갔다. 보어인들은 이들 이주민을 위트랜더즈(Uitlanders, foreigners)라 불렀다. 트랜스바알 공화국은 위트랜더즈의 참정권 획득을 어렵게 만들었고 그들이 장악한 금광업에 중과세했다. 이러한 가운데 1895년 연말 이른바 제임슨 레이드(Jameson Raid)가 있었다. 세실 로즈가 은밀히 후원한 가운데 리앤더 제임슨(Leander Starr Jameson)이 무장한 용병 600명을 이끌고 12월 29일 트랜스바알 공화국 국경을 넘어 요하네스버그로 향했다. 이는 트랜스바알의 위트랜더즈가 반란을 일으키도록 함이었다. 그러나 마침 케이프 식민지에 있던 영국 식민성 장관 체임벌린(Joseph Chamberlain)은 케이프 식민지 총독인 로빈슨(Hercules Robinson)에게 제임슨의 행동을 지지하지 말라고 명령했다. 제임슨의 용병은 1896년 1월 2일 트랜스바알 군과 교전하다가 투항했다. 기대했던 위트랜더즈의 봉기는 일어나지 않았다. 며칠 후 독일의 빌헬름 2세는 트랜스바알 공화국 대통령 폴 크루거에게 축하전문을 보냈다. 이는 독일제국이 트랜스바알 공화국의 우방이 될 수 있다는 뜻이었으므로 영국 언론이 이를 보도하자 영국의 여론은 격분하였고 반독일 정서가 크게 일어났다.

영국과 트랜스바알 공화국 사이의 긴장이 증폭되자, 양측 간 협상이 진행되어 트랜스바알 공화국에 거주하는 위트랜더즈의 권리, 금광 산업, 트랜스바알 공화국과 오렌지 자유국을 영연방으로 편입하는 문제 등에 합의를 모색하게 되었다. 위트랜더즈의 대부분이 영국인이고 계속해서 늘어나고 있었으므로 이들에게 완전한 참정권을 주는 것은 트랜스바알 공화국 보어인들의 지배가 무너진다는 것을 의미했다.

1899년 6월 최종 합의에 실패하자 영국 정부는 병력 1만 5천을 나탈에 파견했다. 9월 영국 식민성 장관 체임벌린은 트랜스바알 공화국 거주 위트랜더즈의 완전한 참정권을 요구했다. 트랜스바알 공화국 대통령 폴 크루거는 10월 9일 48시간 내에 영국군이 트랜스바알 공화국과 오렌지 자유국 국경에서 철수할 것을 요구하는 최후통첩을 보냈다. 또한 영국군이 철수하지 않으면 오렌지 자유국과 동맹하여 영국에 선전포고할 것이라 했다. 영국 정부가 이를 거부하자 10월 12일 트랜스바알 공화국과 오렌지 자유국이 선전포고하여 2차 보어 전쟁이 일어났다.

선제공격을 감행한 보어인들은 나탈과 케이프 식민지로 진입하여 요새 도시인 레이디스미스(Ladysmith)의 여러 요새와 두 도시 마페킹(Mafeking)과 킴벌리를 포위했다. 보어인들은 포위를 풀려는 영국군의 공세를 물리쳤다.

영국 본토에서 대규모 증원군이 들어오자 1900년 1월 영국군은 최고사령관 로버츠 경(Lord Roberts)의 지휘 아래 보어인의 포위를 풀러 공세를 벌였다. 영국군은 2월 킴벌리와 레이디스미스의 포위를 풀고 5월에는 마페킹의 포위를 풀었다. 나탈과 케이프 식민지의 안전이 확보되자 영국군은 트랜스바알 공화국 영내로 진격하여 6월에는 그 수도인 프리토리아(Pretoria)를 점령하였다.

그런데 이 달에 독일은 독일 해군을 세계 제2의 전력으로 만드는 것을 목표로 한 함대건설법을 의회에서 통과시켰다. 이에 영국은 크게 위협을 느꼈다. 더구나 독일은 영국에 대항하는 대륙 국가들의 해군동맹을 추구하고 있었다. 이에 따라 영국은 세계 도처에 있는 영국 해군력을 본국 주변 해역으로 재배치하기 시작했다. 영국으로 보아 동아시아에서 축소시키고 있는 영국 해군력을 대신하여 러시아를 견제해줄 나라와의 동맹이 필요했는데, 이에 부응하는 나라가 일본이었다.

　영국군의 압도적인 전력에 밀린 보어인들은 1900년 9월부터 게릴라전으로 맞섰다. 이에 1900년 11월 최고사령관이 된 키치너 경(Lord Kitchener)은 보어인의 농장을 파괴하는 초토화 작전으로 맞섰다. 또한 보어인 가운데 민간인도 수용소에 가두었다. 영국의 일부 언론과 정부 요인은 수개월 만에 전쟁이 끝날 것으로 예상했는데 장기 소모전이 되자 비난 여론이 일어났다. 수용소에서 2만 6천 명의 여성과 어린이들이 영양실조와 질병으로 죽은 사실이 드러나자 세계적으로 비난 여론이 일어났다. 전쟁 중인 1901년 1월 22일 빅토리아 여왕이 사망하여 황태자 에드워드가 60세의 나이로 영국 국왕이 되었다. 그가 에드워드 7세이다.

　1902년 1월 30일 영일 동맹이 체결됐다(영국과 일본은 1901년 4월부터 협상을 시작했다.). 이 동맹의 유효기간은 5년이었다.

　영일 동맹은 세계 최강의 해군국이며 상업세력인 영국과 신흥지역 강국인 일본이 동아시아에서 러시아에 공동으로 대응하게 된 것을 의미했다. 이때 영국은 가장 절실한 해군력의 협조를 일본을 통해 확보했으며, 일본은 영국으로부터 완전한 동의는 아니지만 한반도에서의 권익을 보장받았다. 이로써 일본은 만주와 한국 문제를 놓고 러시아에 강경하게 대응할 수 있는 여건을 마련했다. 영일 동맹은 동아시아의 국제정치뿐만 아니라 세계사적으로도 중요한 의미가 있었다.

　초토화 작전이 효과를 보아 끈질기게 저항하던 보어군은 1902년 5월 31일 항복하고 베레니깅 조약(Treaty of Vereeniging)이 체결되었다. 내용은 미래에 자치정부를 수립한다는 조건으로 트랜스바알 공화국과 오렌지 자유국이 대영제국으로 편입되는 것이었다.

2차 보어 전쟁에서 영국은 2억 파운드의 전비를 소모했고 전투로 입은 인명 피해는 크림 전쟁보다 더 컸다.

💎 남아프리카 연합에서 남아프리카 공화국으로

보어 전쟁이 끝나자 영국은 광산업 등의 재건에 힘썼다. 그리고 보어인들을 영국화시키려 했으나 실패했다. 영어를 학교와 직장에서 공용어로 삼으려 했으나 보어인들은 반발했다.

영국과 보어인들은 수년 간 협상을 벌여 1909년 남아프리카 법(South Africa Act)을 제정해 케이프 식민지, 나탈 식민지, 트랜스바알 공화국, 오렌지 자유국을 하나로 묶어 남아프리카 연합(Union of South Africa)을 구성하도록 했다. 남아프리카 법에 따르면 남아프리카 연합은 대영제국의 일부이나 완전한 자치를 얻는 것이었다.

1910년 5월 31일 남아프리카 연합이 공식 수립되었다. 영어와 네덜란드어가 공용어가 되었다. 흑인이나 기타 인종은 선거권만 있고 피선거권이 없었다. 백인만 피선거권이 있었다. 이러한 인종차별에 대항하여 일부 교육받은 흑인 엘리트들이 1912년 남아프리카 원주민 민족회의(South African Native National Congress)를 세웠다. 이 기구는 간디의 비폭력주의의 영향을 많이 받아 청원·선전 등의 합법적인 수단으로 목표를 이루려 했다. 1923년 남아프리카 원주민 민족회의는 아프리카 민족회의(ANC : African National Congress)로 개명했다.

1913년 남아프리카 연합 의회는 원주민의 토지 획득을 제한하려고 원주민 토지법(Natives Land Act)을 제정했다. 이 법의 요지는 원주민들은 남아프리카 영역의 특정 지역에서만 토지를 소유할 수 있다는 것이었다. 그 외의 지역에서는 흑인이 농업에 종사할 수 없게 되어 많은 흑인 소작농이 농촌을 떠나 도시로 가서 임금 노동자가 되었다.

1914년 1차 세계대전이 일어나자 남아프리카 연합은 자동적으로 영국 편에서 참전해야 했다. 당시 수상 로이스 보타(Louis Botha)와 국방부장관 얀 스무츠(Jan Smuts)는 모두 2차 보어 전쟁에서 장군으로 영국군과 싸웠다. 그런 이들이 영국 편에서 독일과 전쟁하려 했다. 그러나 보어 전쟁에서 영국군에 막심한 피해를 입었던 많은 보어인들은 심정적으로 반대했다. 1914년 가을 남아프리카 연합이 독일 식민지인 독일 남서 아프리카(Deutsch-Südwestafrika : 현재의 나미비아)를 침공하려 하자 이에 반대하여 군사반란이 일어나 보타 수상은 계엄령을 선포했다.

1차 세계대전에서 남아프리카 연합은 두 곳의 독일 아프리카 식민지를 점령하려 파병했고 유럽 본토와 팔레스타인에도 군을 보냈다.

1939년 9월 2차 세계대전이 일어나자 남아프리카 연합은 헌법에 따라 영국 편을 들어 나치 독일에 대항해야 했으나 당시 수상 헤어트조크(Barry Hertzog)는 중립을 원했다. 이때 집권당은 통일당(United Party)으로 국민당(National Party)과 남아프리카 당(South African Party)이 1934년 합당하여 생긴 당이었다. 1939년 9월 4일 당 총회가 열려 참전 문제를 놓고 격론이 벌어졌는데 헤어트조크는 사임하고 후임 수상 얀 스무츠가 참전을 선언했다. 남아프리카 연합군은 북아프리카와 이탈리아 등 다수의 전장에 참여해 연합군의 승리에 기여했다.

종전 후 국민당은 통일당에서 이탈했다. 대개 보어인은 국민당을 지지했고 영국계는 통일당을 지지했다. 국민당이 1948년 집권하자 인종차별이 더욱 심해졌다. 1950년 국민당은 주민을 반투(순수한 아프리카 흑인)와 유색인(혼혈 인종) 및 백인으로 구분하는 주민등록법을 만들었다. 또한 집단 지구 법을 제정해 인종별로 거주 지역을 나누었고, 이용할 수 있는 공공·교육시설도 분리했다.

인종차별이 심화됨에 따라 1959년 ANC 내의 과격파가 분리되어 범아프리카회의(PAC : Pan Africanist Congress)를 결성했다.

1960년 남아프리카 연합은 국민투표로 완전 독립국이 되기로 결정했다. 1961년 3월에는 독자적 헌법을 갖춘 남아프리카 공화국이 탄생했다. 남아프리가 공화국에서는 1958년 이후 1994년까지는 백인들만 선거권과 피선거권이 있었다.

1960년 3월에는 PAC의 시위에 백인 경찰관이 무차별 발포하여 많은 사상자를 낸 샤프빌 학살 사건(Sharpeville massacre)이 일어났다. 이에 남아프리카 공화국의 국민당 정권은 계엄령을 선포하고 4월에는 ANC와 PAC를 불법화했다. 1961년 넬슨 만델라(Nelson Mandela, 1918~2013)는 남아프리카 공산당 지도자인 조 슬로보(Joe Slovo)와 더불어 '민족의 창(Umkhonto we Sizwe)'이라는 무장 게릴라 조직을 창립했다. 넬슨 만델라는 이 조직의 의장이 되었다. 1962년 8월 넬슨 만델라(Nelson Mandela)는 체포되어 1964년 종신형을 선고받았다.

남아프리카 공화국은 인종차별 정책으로 외교적으로 고립되고 국제사회의 제재를 받게 되었다. 국내에서도 백인 정권에 대항하는 흑인들의 투쟁이 거세졌다. 오랜 수감 생활에도 불굴의 의지를 보여준 넬슨 만델라는 인권 투쟁의 상징이 되어갔다.

1989년 9월 대통령으로 취임한 데 클레르크(Frederik Willem de Klerk)는 1990년 2월 2일 의회 개원 연설에서 흑백 간 권력분점을 평화적인 해결책으로 제시했다. 그리고 불법단체로 규정됐던 아프리카민족회의, 범아프리카회의, 남아공 공산당을 합법화시켰다.

1990년 2월 석방된 넬슨 만델라는 백인 대통령 드 클레르크와 협상하여 1992년 국민투표로 민주주의로 이양하기로 결정하여 각종 인종차별 정책은 철폐되었다. 1994년 총선거가 실시되어 넬슨 만델라가 영도하는 아프리카 국민회의가 400석 가운데 252석을 차지하여 집권하였고 만델라는 대통령이 되었다.

만델라는 '진실과 화해 위원회'를 만들어, 노벨평화상 수상자인 데스먼드 투투(Desmond Mpilo Tutu) 주교에게 맡기고, 백인들과의 공존 노선을 밀고 나갔다. 만델라의 굳은 의지와 지도력으로 남아공은 대규모 유혈사태나 내전을 겪지 않고 안정을 찾을 수 있었다.

다이아몬드가 품은 세계사

초판발행 2021년 1월 15일

지 은 이 이윤섭
발 행 인 한희성

발 행 처 도서출판 현대
연 락 처 02)722-8989
등 록 일 2020. 8. 25
주   소 서울시 종로구 대학로 3길 12 2층
I S B N 979-11-971694-1-0

정가 15,000원

편집디자인 현대기획

* 잘못 만들어진 책은 교환해 드립니다.
* 저자와 출판사의 허락 없이 책의 전부 또는 일부 내용을 사용할 수 없습니다.